JN320509

住田正樹・武内 清・永井聖二 監修
子ども社会シリーズ
1

# 子どもと家族

住田正樹 編

学文社

■執筆者■

| | | | |
|---|---|---|---|
| ＊住田　正樹 | 放送大学 | （第1章，第4章） |
| 荒牧美佐子 | 東京福祉大学 | （第2章） |
| 山瀬　範子 | 四国大学短期大学部 | （第3章） |
| 多賀　太 | 関西大学 | （第5章） |
| 大迫　秀樹 | 九州女子大学 | （第6章） |
| 渡辺　一弘 | 別府大学短期大学部 | （第7章） |
| 杉谷　修一 | 西南女学院大学 | （第8章） |
| 木村　敬子 | 聖徳大学 | （第9章） |
| 高山　静子 | 浜松学院大学 | （第10章） |
| 田中　理絵 | 山口大学 | （第11章） |

（執筆順／＊は編者）

子ども社会シリーズ
## 刊行によせて

　今，子どもをどのように理解し，どのように対応していけばよいのか，非常に難しくなっています。子どもが変わったとよく言われますが，では，子どもがどのように変わったのか，そして何故変わったのかと言いますと，まだ何もわかってはおりません。

　子どもが変わったというとき，その変わったという方向は大人から見て是認できるようなものではありません。むしろ子どもの将来，さらには将来の社会を憂えるような芳しからぬ方向です。

　今の子どもの考え方や態度，行動に大人は不安と戸惑いを感じ，ときには狼狽えてさえいます。子どもの態度や言動が大人の理解の域をはるかに越え，そのために子どもを理解できず，確信をもって対処できないのです。

　今の子どもは，かつてとは異なり，家庭・学校・地域を越えたところからの影響を強く受けるようになっています。しかしそれにもかかわらず，子どもの問題の解決や対処となると依然として家庭・学校・地域に任されているところに問題があります。今日では，子どもの問題は，家庭・学校・地域の対応はもちろんのこと，さらに枠を広げて社会で対応するという視点が必要になってきています。

　本シリーズでは，子どもの問題を6つのテーマに分け，それぞれのテーマごとに現代の子どもの問題を分かりやすく解説しています。本シリーズによって親や教師をはじめ，広く市民の方々が子どもの問題への関心をさらに高めていく機会になればと思っています。

　2010年3月

住田　正樹
武内　　清
永井　聖二

## まえがき

　子どもが所属する集団のなかでも，家族は子どもが生まれてから最初に所属する集団であり，子どもの発達にとって最も重要な集団であることはいうまでもありません。子どもが乳幼児期に家族のなかで学習した行動様式は，以後の子どもの発達を規定し，方向づけるという決定的な意味をもち，その影響は児童期や青年期はいうに及ばず，場合によっては成人期にまでも及んでいることがあります。今，不登校，摂食障害，非行，家庭内暴力など子どもをめぐるさまざまな問題が多発しています。こうした問題は多くが青年期に発生していますが，しかしその過去を辿ってみますと，多くの場合，乳幼児期や児童期からの親子関係に歪みが見られます。

　子どもは家族を選ぶことはできません。子どもはあらゆることについて無力ですから大人の，つまり親の，庇護と助力なしには生きていくことはできませんが，さらに子どもは，自分を庇護し助力してくれる親を選ぶことができないのです。また親の庇護や助力といっても，その実践の仕方は親の個性や考え方によってそれぞれに異なるでしょう。しかし子どもは，その親の庇護や助力の仕方に対して要求したり，批判するような能力はありませんから，その親が実践する庇護や助力をそのままに受け入れざるをえません。そして子どもにとっては，いま現に自分に対応している親との関係だけが唯一の世界であって，他の世界を全く知りません。このように子どもは親を選ぶことができず，家族を選ぶことができないという意味で子どもにとって家族は運命的な集団なのです。ですから如何なる家族に生まれたかによって，子どもの発達とその後の人生は大きく左右されることになります。

　このように家族は，他の集団とは異なり，子どもにとって決定的に重要な集団であり，かつ運命的な集団なのです。けれどもその家族も今，大きく変貌しています。核家族化，少子化とか小家族化といった家族の形態的側面の変化のみならず，これまで家族の固有機能とされてきた養育機能までもが外部の機能集団，つまり保育所・幼稚園等の専門機関に委譲されるようになって，家族の

機能的側面も大きく変容してきました。家族機能の縮小化です。さらにまた個人の自立化が進み，家族の私事化という現象も進んでいますから家族の安定性や凝集性，制御度にも影響して家族の集団特性も今後さらに大きく変化してくるでしょう。

こうした状況のなかで，うえに述べましたように，いま不登校，摂食障害，いじめ，非行，家庭内暴力，校内暴力，虐待など子どもに関わるさまざまな問題が多発しています。そしてそのたびごとに「家庭のしつけ」が問題とされてきました。しかし，では「家庭のしつけ」の何がどのように問題なのでしょうか。そしてその問題は子どもの問題と具体的にどのように関わっているのでしょうか。また「家庭のしつけ」はどのように変わってきたのでしょうか。そしてその変化に伴って子どもの，どのような問題が生じてくるようになったのでしょうか。こうした問題を考えていくためには，何よりも今日の家族の現状と家族のなかでの子どもの生活の諸相を事実に即して把握することが必要です。

本書では，「子どもと家族」に関わる問題について考察していますが，しかし子どもの問題は，特に家族との関連においては，親の問題へと波及しますので，子どもの問題や子どもを巡る親の問題，そして親自身の問題をも取り上げています。本書を機に広く子どもの問題に対する理解と関心を深めていただければと願っています。

最後になりましたが，本シリーズを企画し，このような機会を与えてくださいました学文社の三原多津夫氏，編集部の落合絵理さんに謝意を表する次第です。

　2010年4月

第1巻編者　住田　正樹

# 目 次

## 第Ⅰ部　子どもと家族

### 第1章　家族と子どもの発達 …………………………………………… 3
1　家族における子どもの社会化過程　3
2　家族の変貌と私生活化　9
3　現代家族と子どもの社会化問題　11

## 第Ⅱ部　子どもをめぐる諸問題

### 第2章　母親の育児不安 …………………………………………… 23
1　育児不安とその影響　23
2　育児不安の背景要因　27
3　育児不安と今後の子育て支援　31

### 第3章　父親の育児参加と育児観 ………………………………… 36
1　父親の育児参加を求める声　36
2　育児に参加する父親の諸特徴　39
3　父親の育児参加を促すためには　45

### 第4章　父親の不在 ………………………………………………… 48
1　はじめに　48
2　子どもの社会化と父親の役割　49
3　父親の不在　53
4　父親の不在と子どもの社会化　56
5　父親の役割と協同的活動　63

### 第5章　しつけをめぐる混乱 ……………………………………… 66
1　家族としつけ　66
2　しつけは衰退しているのか　70
3　しつけをめぐる不安と混乱　74

### 第6章　虐待のメカニズム ………………………………………… 80
1　はじめに　80
2　児童虐待とは　82
3　児童虐待のメカニズム　86

## 第7章　ひとり親家族の子どもたち　…………………………………………96
　1　ひとり親家族の子どもたちの現状　96
　2　ひとり親の影響と父親・母親の役割　101
　3　ひとり親家族の子育てと課題　105

## 第8章　子どもにとっての離婚　……………………………………………111
　1　離婚の動向―日本は離婚大国か―　111
　2　離婚の要因　112
　3　子どもへの影響　114
　4　離婚後の子どもたちを支えるもの　118

### 第Ⅲ部　親の問題

## 第9章　親になる過程　………………………………………………………127
　1　ライフコースの変化と親役割　127
　2　「子どもをもつこと」の意味の変化　130
　3　親になるということ　133

## 第10章　今どきの親たち　……………………………………………………143
　1　はじめに　143
　2　父親・母親の生活と子育て事情　144
　3　父親・母親と子どもを取り巻く生活環境　151
　4　母親・父親たちの子育て支援活動　154

## 第11章　親たちの不安と戸惑い　……………………………………………160
　1　親役割の変容　160
　2　家族の変化と子ども社会の変化　163
　3　青年前期の子どもの悩みと親子関係　167
　4　親役割の変化と親自身の発達課題　172

# 第Ⅰ部

# 子どもと家族

# 第1章 家族と子どもの発達

住田 正樹

　人間は家族のなかに生まれ，家族のなかで成長・発達していく。家族は人間が最初に所属する集団であり，人間の発達にとって最も基礎的な集団である。人間は最も可塑性に富んだ子ども期を家族なかで生活する。正に家族はパーソンズ（Parsons, T.）のいうように「人間のパーソナリティをつくり出す"工場"」（パーソンズ，1970, p.35）である。しかし現代の家族は子どもの発達をめぐってさまざまな問題を抱えている。ここでは第2章以下の具体的な問題を考えていくために「家族と子どもの発達」をめぐる問題を総論的に取り上げる。

## 1　家族における子どもの社会化過程

### (1) 家族と社会化

　家族のなかで子どもが発達していくというのは，子どもが家族集団の成員とのさまざまな関係を通して，その家族集団の価値や規範，行動様式を習得していくことを意味する。子どもの生物的衝動は，家族集団の成員，特に親との関係を通して社会的文化的にパターン化された行動型式へと方向づけられていく。子どもが親に承認されるような反応をすれば，その反応に対して親から援助・報酬が与えられ，その反応は奨励されて持続的に作用するようになり，その社会の標準的な行動様式へと結びつけられていく。しかし子どもが親に拒否されるような反応をすれば，その反応はそのまま消滅してしまう。こうした過程を経ることによって子どもはどのような時にどのように反応（行動）することが適切なのか，どのような状況の場合にどのように反応（行動）することが妥当

なのか，あるいはどのように反応（行動）することが期待されているのかを学習していくのである。

このように，個人が他者との相互作用を通して所属している集団や社会の価値・規範・行動様式を習得していく過程を「社会化」（socialization）という。平たくいえば人間形成の社会的過程である。特に家族集団は子どもが最初に所属する集団であるから，親との関係を通して習得していく価値・規範・行動様式は子どもにとって最初の社会化内容となり，子どもの発達を基礎的に方向づけることになる。しかも家族集団は，子どもが選択できるような集団ではなく，ひとつの運命とみなされるべき集団であり（清水，1954，p.27），その家族集団において子どもは自立していくまでの長期にわたる期間を親の庇護と助力に依存しつつ生活していかなければならないから，子どもは家族，特に親によって決定的に社会化されていくのである。

## (2) 家族のなかでの社会化－パーソンズの社会化論－
### 社会化の位相

家族における子どもの社会化の過程を最も体系的に分析していったのは，周知のようにパーソンズである。パーソンズは現代家族の典型である核家族に焦点を当て，家族集団のなかでの子どもの社会化過程を考察し，普遍性の高い理論を導き出した。そこでパーソンズの理論を枠組として，以下，現代家族と子どもの社会化の問題について考察してみよう。

パーソンズは，フロイトの心理・性的発達論に依拠しながら，家族における子どもの社会化過程を安定的な状態の社会化段階と，次の，より高次の社会化段階に移行する危機的な状態の社会化段階とに区分した。そして子どもは安定的状態の段階から危機的状態の段階に移行し，その危機的状態の段階を克服することによって，次の，より高次の安定的状態の段階に到達していくとする。安定的な状態の社会化段階には，口唇依存期，愛着期，潜在期，成熟期という4つの位相があり，その位相の移行期として，口唇危機，肛門位相，エディプス位相，青年期という4つの危機的社会化段階がある。だから子どもは，口唇危機→口唇依存期→肛門位相→愛着期→エディプス位相→潜在期→青年期→

成熟期という時間的順序を辿って社会化されていくのである。

そして親は子どもを社会化していくために子どもに対して，許容→支持→相互性の拒否→報酬の操作というステップを踏んでいく。家族集団のなかで親が子どもを社会化していくというのは，親が子どもを低次の段階から次の高次の段階へと引き上げていくことである。だから親は，いま子どもが現に位置している低次の段階での役割とこれから引き上げていくべき次の高次の段階での役割という，二重の役割を演じなければならない。子どもが高次の段階に進むということは，いまの低次の段階で身につけて習性となった規範を捨て，次の高次の段階での新たな規範を学習し習得して，その規範にしたがって行動しなければならないことを意味する。しかし子どもにとってはいまの低次の段階に留まっている方が楽である。そのために親が高次の段階での規範を学習し習得するように子どもに働きかけても，子どもは欲求不満を抱くだけである。そこで親はどうするかといえば，子どもがいまの低次の段階での行動をとったとしても，それを許容し〔許容〕，子どもが何とかして高次の段階での規範を習得して，その規範にしたがって行動したときには，それを支持するのである〔支持〕。しかし子どもがいまの習性となった低次段階での行動をとり続け，親がいつまでもそれに応じていると，子どもは高次の段階には至らず，低次の段階のままでいることになる。だからそうした低次段階での子どもとのやり取り（相互作用）を親は拒否するのである〔相互性の拒否〕。しかし子どもが高次段階での規範に沿った行動をとったときには，親はそれを肯定し，報酬を与えるのである〔報酬の操作〕。

### 口唇危機から愛着期まで

こうした4つのステップを踏みつつ，親は子どもを社会化していくのであるが，子どもの社会化は誕生の，その瞬間から始まる。子どもは母胎から外に出ることによって栄養摂取の器官を臍帯から口唇に移行するのであるが，それは子どもにとって非常に大きな有機体的機能の変化である。そこでこの変化を「口唇危機」といっている。しかし，この口唇危機は直ぐに克服されて，次の「口唇依存期」に移行する。この時期の子どもは呼吸，食物摂取，排泄といった有

機体的欲求しかもたないが、こうした有機体的欲求は母親によってしか充足させられないから、子どもはもっぱら口唇を通して母親に依存する。だからこの時期の子どもは母親に全面的に依存し、母親と一体融合的な関係をもっていれば安定的な心理状態を保つことができるのである。

しかし次の「肛門位相」の段階になると、母親は排泄の訓練という困難な課題を子どもに要求する。それまでの母子一体的な安定した心理状態はここで大きく乱されることになる。排泄の訓練は肛門括約筋をコントロールするという自立性への要求であるが、しかし母親が要求しても子どもは初めから自立的に行動できるわけではない。だが、自立的に行動しようとする子どもを母親は「許容」するのである。そしてその過程で子どもが自立的に行動できた場合、つまり排泄を自分で処理できた場合には、母親はその行動を「支持」し、「報酬」を与えるのである。しかし母親の要求にもかかわらず、子どもが自立的に行動しようとはせずに母親に依存的な行動をとろうとした場合には、母親はそれを「拒否」する。

こうした母親との交渉の過程を通して、子どもは、自分に自立を要求する母親とその母親の要求に対して自立的に行動しようとする自分とを明確に分離させるようになる。口唇依存期における母子の一体融合的な関係は、ここにおいて母親を自分とは別の対象として意識するようになる。自他関係に入るのである。自分に要求する母親とその要求の対象になっている自分とを区別するというわけである。そして子どもは母親の要求通りに自立的に行動すれば、母親はそれを支持し、賞賛し、喜ぶのであるが、そうした経験から子どもは母親に賞賛してもらい、また母親を喜ばせようとして自立的に行動しようとする。この、母親を喜ばせるということが母親に対する子どもの愛情表現となる。ここにおいて子どもと母親との間に愛情に満ちた相互関係が形成され、再び安定した状態に入るのである。「愛着期」である。

### エディプス位相と潜在期

しかしこの母親との愛情に満ちた安定的な関係は、次の「エディプス位相」の、父親の登場によって乱される。エディプスとは、運命の手に導かれて自分

では気づかないうちに父を殺し（同性の親に対する敵意と憎悪），母と結婚する（異性の親に対する愛情）というギリシャ神話のオイディプス王物語に登場する主人公の名前である。子ども，特に男の子の異性の親（母親）に対する無意識的な愛情，同性の親（父親）に対する無意識的な敵意という傾向をエディプス・コンプレックスというが，そのエディプスである。女の子の場合は，逆に父親を愛情の対象とし，母親に嫉妬や敵意を感じるが，これをエレクトラ・コンプレックスという（通常はエディプス・コンプレックスに含めている）。

「エディプス位相」以前では，子どもにとって意味があるのは母親的な役割であって父親的な役割はほとんど意味がなかった。親といえば母親を意味していたのである。だが，この段階になると父親が母親とは異なった役割をもって子どもの前に登場する。このエディプス位相になると，子どもの自我が芽生え，認知能力が発達し，行動範囲が急速に拡大してくるので，子どもを統制するためには母親を超えた力の存在が必要になってくる。それが父親である。父親は子どもの前に力をもった存在として登場し，それまで母親が演じていた自立性を要求する役割を母親に代わって演じるようになる。

ところで，一般に集団を維持・存続させるためには2つの役割が必要だとされている。手段的役割と表出的役割である。前者は外部から情報や資源を導入し，集団の目的・課題を達成・遂行しようとする役割であり，後者は集団内の調整を図り，情緒的緊張を緩和しようとする役割である。そしてそれぞれの役割を遂行していくためのリーダーシップを担う者を手段的リーダー，表出的リーダーという。

家族集団の場合，父親が手段的リーダーとして外で働き，家族の生活の手段を担い，母親が表出的リーダーとして家族員の融合・統合という調和と精神的安定を図るのである。こうした性別に応じた役割分化にしたがって子どもは同性の親をモデルとし，それに同一化することによって性役割を学習していく。子どもが同性の親に同一化するのは両親や周囲の人々の役割期待によるところが大きい。両親をはじめ周囲の人々は性別に応じた行動を子どもに期待し，要求する。男の子に対しては父親のように活動的に行動することを期待し，要求するが，女の子に対しては母親のように柔和的に行動することを期待し，要求

するのである。子どもはそうした期待や要求に方向づけられていく。

　また男の子であっても女の子であっても，父親に対することによって物事のやり方の適否を判断され，適切な物事のやり方を習得していく。父親は家族の外で，その社会の普遍的・客観的な基準にしたがって働いているから，その普遍的・客観的な視点から子どもの行動の適否を判断するのである。そして子どもの行動がその普遍的・客観的な基準に合致していれば，父親はそれを認めてやるのである。そして男の子であっても女の子であっても母親に対して一体感をもつことによって精神的な安定，心の落ち着きを得ようとする。父親は労働と生産活動のシンボルであり，母親は愛情と受容のシンボルだといってもよい。

　しかし家族集団においては親と子どもとの間には年齢の間隔による明確な優劣の差がある。親はあらゆる点で子どもよりも優勢であり，したがって子どもに対して何事についても影響力は大きい。子どもは成熟していくにしたがってそれぞれの役割を取得していくから親との力の差は少なくなっていくが，しかし大人になる以前の段階において子どもは親と全く平等になることはない。この段階において子どもは親世代に対する子ども世代，つまりきょうだいの存在を意識し，同世代者との関係を形成していくのである。これが「潜在期」である。

　きょうだいという同世代の対等な関係を通して子どもは平等，対等，公平という観念を習得していく。これまで身近な存在であった母親も，この段階になると子どもにとっては世代という間隔を挟んで彼岸の位置に置かれることになる。親から離れていくわけだ。と同時にこの時期から仲間集団や学校集団に入って同世代者から社会化されるようになる。そして「青年期」になると，家族集団よりもむしろ仲間集団や学校集団が子どもの社会化にとって重要な意味をもつようになり，さらに「成熟期」になると職業集団をはじめとする家族外の集団による社会化が強力に押し進められることになる。だから家族のなかでの社会化はおおよそ潜在期までであるといってよい。

## 2　家族の変貌と私生活化

### (1) 家族の変貌

**小規模化と核家族化**

　日本では，伝統的に家制度にもとづく直系家族制が支配的な家族制度として維持されてきた。しかし第二次世界大戦後は，一転して個人の尊重と両性の平等に立脚した夫婦家族制への変革が図られるようになり，また1960年代の産業化を機に急速に夫婦家族制の理念が国民一般に浸透していった。

　産業化によって日本の産業構造は第一次産業から第二次・第三次産業へと比重を移したが，それは都市での就業機会を大量に創出し，若年労働力の都市への移動（都市化）を促すことになった。そのため彼らは都市で新たな夫婦家族を形成した。しかし就業構造は，さらに若年の夫婦家族の職業移動をも促し，親（老親）世帯と別居させて都市へと移動させた。こうして核家族化（夫婦家族化）が進行し，そして生活水準の向上に伴って個人の自由と人格の尊重，男女平等の思想，夫婦中心主義といった夫婦家族制の理念が広く浸透するようになり，それがさらに核家族化を促していったのである。

　こうした核家族化と並行して，都市での住宅事情もさりながら，高学歴化による晩婚化，家族計画の普及，子どもの教育費の増大，女性の社会参加意識の拡大などによって出生率は大幅に低下し，家族の規模は縮小した。かくて現代の家族は家族規模の縮小化（小家族化）と家族構成の単純化（核家族化）として特徴づけられるようになったのである。

**有配偶女性の家庭外就労**

　こうした核家族化と小規模化とともに，有配偶女性の家庭外就労が増加してきた。女性の就業率は，一般にM字型曲線とよばれ，20歳代前半までは就業率が高く，20歳代後半から30歳代前半にかけては結婚，出産，育児によって退職するために低下し，40歳代で再び就業率が高くなって，老年期になると下降するというパターンを示す。しかし近年は，この低下傾向が浅くなって結婚，

出産しても就業継続の傾向が強くなっている。母親の雇用者率（子のいる世帯に占める妻が雇用者である割合）は1986年に34.2％であったが，2004年には44.8％と増加傾向にある（厚生労働省，2005）。

### 家族機能の変化

　家族の機能も大きく変化してきた。家族の機能は，固有機能，基礎機能，派生機能の三次元に区分することができる（大橋，1966，pp.57-64）。固有機能とは家族集団のみが有する機能であり，性・愛情と生殖・養育という2つの機能がある。基礎機能とは家族集団を成立せしめている経済的機能のことであり，生産と消費の機能に分かれる。派生機能とは固有機能と基礎機能から生じてきた機能であって，教育，保護，休息，娯楽，信仰の機能をいう。

　産業化以前の家族は自給自足的であったから，こうした機能の多くを有していたが，産業化によって社会的分業が高度化し，さまざまな機能集団が出現するようになると，家族の機能は，これら機能集団に委譲されるようになった。かつての家族が有していた生産機能は企業に吸収され，自営，家族従事から雇用労働の形態に変化してきた。それは世帯主の雇用労働への変化のみならず，先に見たように，近年においては有配偶女性の雇用労働も増加させた。

　派生機能はほとんどが機能集団に委譲され，家族集団の機能は縮小・喪失した。教育機能は学校教育機関に，保護機能は警察機関と保健医療機関に，娯楽機能は商業娯楽施設にそれぞれ移り，そして信仰機能は祖先崇拝という家族宗教から個人信仰（宗教組織）へ，あるいは無宗教へと移ってきた。

　しかし派生機能のなかでも休息機能だけはその比重が増大してきている。休息機能は家族の成員の疲労・緊張を癒し，心身の回復を図って精神的安定化をもたらす作用である。一方，性・愛情と生殖・養育という固有機能は家族にのみ特有の機能であるから変化していない。ただし養育機能は保育所，幼稚園という専門機関に移ってきている。

　このように考えてくると，現代家族の機能は，子どもの基礎的社会化と成人のパーソナリティの安定化という2つの機能にまとめることができる。固有機能のうち，生殖・養育機能は子どもの基礎的社会化であるが，性・愛情機能は

休息機能と結びついて成人のパーソナリティの安定化の機能となる。成人に休息を与え，社会的諸活動から生じるストレスやフラストレーションを解消させるのである。パーソンズは現代核家族の機能として子どもの基礎的社会化と成人のパーソナリティの安定化をあげている（パーソンズ，1970, p.35）。

### (2) 私生活化―私生活優先の時代―

ところで，こうした家族を取り巻く全体社会も大きく変化してきた。その変化の方向は，一言でいえば，私生活化（プライヴァタイゼーション，privatization）である。私生活化とは公的事象よりも私的領域の事象を優先させる生活態度あるいは生活スタイルをいう。しかし公的事象とか私的事象といっても相対的であり，公が国家や社会を指し，私が私企業を指す場合もあるが，私企業であっても従業員からみれば公であるから，その場合は企業が公となり，従業員が私となる。さらにその従業員が世帯主であれば，その家族が公となり，家族員が私となる。家族が公というのはイメージしにくいが，かつての家族制度を思い浮かべれば容易に理解できよう。だから〔公〕−〔私／公〕−〔私／公〕−〔私〕という重層的な関係をなしているわけである。そして歴史的な流れからみれば，人々の生活態度は，国家（公）→（私）企業（公）→（私）家族（公）→（私）個人という系列にしたがって私生活化へと傾斜してきていることがわかる。1945年の敗戦を契機とした，滅私奉公的な国家（天皇）への従属から私的領域への方向転換，1960年代からの高度経済成長期における企業優先の生活態度（会社人間），その疲労を癒し慰安を家族に求めようとするマイホーム主義的生活態度，そして現代では，管理社会化の進行に伴う緊張・不安・疎外からの逃避あるいは解放，個人単位の消費社会化の進行と消費欲求の肥大化，エンターテインメントや私的興味・娯楽中心のマスメディア報道などを背景に私生活化は個人単位へとさらに傾斜してきているのである。

## 3 現代家族と子どもの社会化問題

私生活化へと傾斜していく社会のなかで家族は小規模化し，核家族化し，機

能も子どもの社会化と成人のパーソナリティの安定化に特化してきたが，子どもの社会化という視点からみた場合，どのような問題を抱えているだろうか。子どもの社会化に関わる問題は，社会化される客体（ソーシャライジー，socializee）としての子どもばかりではなく，社会化する主体（ソーシャライザー，socializer）としての親の問題とも関わっている。

## (1) 子どもの社会化過程における問題
### 少子化と一子豪華主義

　今，子どものいる家族は，夫婦と子ども2人が最も多い。だが，1人の女性が生涯に産む平均の子ども数を指す合計特殊出生率は，2008年には1.37となり（厚生労働省，2009），出生率の低下が始まる前の1971年の2.16と比べると大幅な減少傾向を示している。この1.37という数値は長期的に人口を維持する水準（人口置換水準）の2.07を大きく下回っている。合計特殊出生率が人口置換水準を長期間にわたって下回っている場合を「少子化」といっており，日本では1997年に少子化社会に入ったとされている。しかし夫婦が実際にもつつもりの子ども数も2人であり（2.11人），また多くの夫婦は子ども3人を理想としている（2.48人）（国立社会保障・人口問題研究所，2007，p.34）。だから理想の人数まで子ども数をもてないというわけであるが，その理由は「子育てや教育にお金がかかりすぎるから」（65.9％，複数回答）である。理想の人数にまで子どもを生めば育児費・教育費がかかりすぎ，十分な育児費・教育費をかけられない，だから子どもの数を少なくしておいて，その分子どもに十分な育児費・教育費をかけようというわけである。「少なく生んで大事に良く育てよう」というわけだ。よくいわれる一子豪華主義である。だから十分な育児費・教育費に見合うように子どもには「良く育って」もらわなければならない。「教育ママ」とか「お受験」とかいわれる今日の風潮は，その延長線上にある。確かに今は大学全入時代といわれ，かつての高度経済成長期にみられた学歴至上主義的な社会的風潮はない。企業も行政も今日では多様な人材を要求しているし，本人の実力を重視している。だが，高学歴，有名大学卒であることに越したことはない。少なくともその方が人並み以上のチャンスはあるというわけである。そのために

子どもには幼少時から学習塾やお稽古事に通わせ，子どもの性質や能力を無視して母親自らが描いた教育方針に子どもをしたがわせようとする。子どもは1人か2人であるから親は子どもの生活の隅々にまで目を光らせ，管理・支配するのである。しかし幼少時には親の教育方針にしたがっていても中学生，高校生ともなれば自我が確立してくるから，そうなると親の教育方針や干渉に対して反発するようになる。そうした反発の感情が鬱積して，親に対する暴力（家庭内暴力）に向かったり，不登校や引きこもり，あるいは鬱に陥ったり，また非行へと至る場合もある。子どもの社会化過程の障害である。

### きょうだい関係による社会化機会の喪失

　少子化は，きょうだいが少なくなったことを意味する。子どもは，潜在期において，きょうだいという同世代者の存在を意識し，両親に対する子どもとしての立場を明確にして，われわれは同じ家族のきょうだいだという同一化を行い，きょうだいという一体感を強めていく。きょうだいは同世代であるだけに何かにつけて競争し，対立するが，しかしそれは同じ家族のメンバーという「〈なれ合い〉の要素を含んだ対立」（依田，1970, p.28）であり，相手の立場を理解することも容易であり，また自分を抑えて不承不承ながら妥協することもある。こうして平等，対等，公平という観念を習得していくのである。このような，いわば親和的な競争を通してきょうだいとしての一体感を強めていく。それが家族外の同世代者との間の人間関係を形成していく社会化の基礎にもなるのである。だが，少子化によってきょうだいが少なくなり，きょうだいの経験がなければ，つまり一人っ子であれば，こうした社会化の機会は減少していくことになる。

　しかし今日では計画出産によって長子に手がかからないようになってから次子を出産している。そうするときょうだいとはいっても年齢差があり，そのために生育過程においてはひとりっ子と同じように扱われることになる。「ひとりっ子化」である（山村，1983, p.68）。そうとすればきょうだいがいたとしてもきょうだい関係による社会化は弱化することになる。

## (2) 親の問題

　子どもの社会化過程に関わる問題は、社会化客体としての子どもばかりではなく、社会化主体としての親の問題でもある。子どもが親の庇護と助力を必要とする存在であることを考えれば子どもの社会化に関しては親の問題の方が大きい。

### 親になる過程

　子どもが生まれて親になっても、それは生物学的な意味での親であって子どもを養育し、庇護し、育てていく社会学的な意味での親ではない。親として子どもを育てていくためには、親としての役割を取得しなければならない。特に母親は、親になる以前の、すでに妊娠がわかった段階から母親としての役割取得の準備をする。「予期的社会化」である。そして子どもが誕生すれば、子どもを育てつつ親としての役割を学習し、親になっていくのである。

　日本の伝統的な家族形態であった直系家族では、親の親世代である老親（祖父母）がおり、育児様式に世代差があるとはいえ、親は、老親世代の、先進の育児経験の言に耳を傾け、それを役割モデルの一部として、自らの役割行動に活かすことができた。しかし核家族であれば、親、特に母親は誰の援助・助言を受けることもなく、自分で母親役割を学習し、行動していかなければならない。だが、その母親役割の規定は個人的な規定でしかなく、また経験にもとづいた確固としたものではないから、現に演じている役割行動が母親として妥当な役割行動なのかどうか確信を抱くことができない。そこから育児不安が生じる。だが、そうした不安を抱き、試行錯誤を繰り返しながらも母親は母親へと社会化されていくのである。

　今日にあっては、母親としてのモデルを提供しているのはテレビや育児雑誌などの育児情報である。だが、こうした育児情報は育児についての一般的な傾向や内容であり、それが具体的な個々の子どもに当てはまるわけではない。しかし育児情報を判断の拠り所にしている母親にとっては、育児情報と自分の子どもの発育状況とに差異があれば、大きな不安を覚えることになる。

**父親不在**

　家族のなかでの父親の不在には，物理的不在と精神的不在という2つの側面がある。物理的不在というのは，子どもと父親との接触が時間的に少ないことをいい，精神的不在というのは，父親が父親の役割をもって子どもに接しないことをいう。

　産業化の進展とともに家庭と職場の分離が顕著になり，特に大都市においては郊外化とともに通勤距離が拡大してきたこと，また長時間労働，単身赴任といった企業への過剰適応（会社人間）によって父親と子どもとの日常的な接触時間が少なくなっている。では休日はどうかといえば，父親は寝転んでテレビを見ているか，新聞を読んでいる，あるいは自分の趣味に打ち込んでいるといった具合である。時間はある，しかし父親としての役割をもって子どもと接触しないのである。近年の，科学技術の進歩による仕事の専門分化，仕事に関わる高度な知識技術の習得の要請，情報機器の発達，職場における競争，管理社会化による緊張と疲労といったように父親を取り巻く状況は厳しくなり，そのために疲労や緊張から逃れ，家族のなかでは休息と慰安を得たいというのが今日の父親の心境だろう。ドイツの精神分析学者であるミッチャーリヒ（Mitscherlich, A.）はこうした現状を「父親なき社会」と呼んでいる（ミッチャーリヒ，1988）。

　先に述べたようにエディプス位相の段階において，子どもは父親を母親とは違った役割をもった人間として意識するようになり，同性の親をモデルとして同一化し，性役割を学習していく。だから父親不在は，特に男の子の方に問題を生じさせる。男性的な仕事の役割モデルが目前に存在しないからである。「男らしさ」を身につけていくことができないというわけである。

**母子一体感と母親の就業，父親の育児参加**

　こうした父親不在は，他方において母子関係の密着をもたらすことになる。核家族の中核的構成員は夫と妻であるが，夫不在＝父親不在のために，妻＝母親の関心が子どもの方に大きく傾き，夫婦関係よりも母子関係の方が中核的になってきたのである。もともと日本では伝統的に母子間の情緒的関係が強い傾

向にあったが*¹，父親不在によって，それが一層顕著になり，母親が子ども に対して一体的な感情をもつようになったのである（母子一体感）。子どもの 喜び，悲しみは自身の喜び，悲しみであるとするような，子どもに対する母親 の感情である。そのために母親は子どもを過度に保護し，甘やかし，また何事 にも過度に干渉するようになった。だが，そうなると子どもは虚弱な自我しか 形成できず，ために自立心に乏しく，欲求不満耐性も育たず，また情緒的に未 成熟，コミュニケーション能力不足となる。マザコン・シンドローム，指示待 ち症候群は，そうした母子関係の結果例とされるが，また家庭内暴力や非行な どさまざまな逸脱行動に至る場合もある。

　他方，父親不在ばかりでなく，近年では母親の就業によって母親不在の問題 が出てきた。この場合，母親の就業というのは雇用労働として家庭外の生産活 動に従事していることをいう。母親の就業はかつては生計維持，家計補助的で あったが，今日では自立志向的な意味が強くなってきた。母親もただ家族のた め，子どものために献身的に働くというのではなく，自己の能力，個性を発揮 し，自立した人間としての生き方を求めるようになってきたのである。しかし 母親の就業は，父親と同じように母親不在の問題となって現れる。ただ父親不 在は物理的不在と精神的不在が問題とされてきたのに対し，母親不在は今は未 だ物理的不在が問題とされている。かつての「男性は外で働き女性は家庭を守 る」といった性別分業意識は次第に希薄になり，女性（母親）の就業に対して も肯定的な意見が強くなってきた。そして女性の育児を補うものとして父親の 育児参加が求められるようになってきたのである。

## (3) 私生活化と子どもの社会化の問題

　私生活化へと大きく傾斜している現代社会のなかで家族の機能は子どもの基 礎的社会化と成人のパーソナリティの安定化の機能に特化されるようになった。 だから家族のなかでの子どもの社会化の問題といっても，私生活化への傾斜， そして成人のパーソナリティの安定化との関連において考えなければならない。

　私生活化への傾斜は，成人のパーソナリティの安定化という慰安と休息の機 能を一層推し進めていくようになる。慰安と休息は私的領域の典型的な機能で

あり，私的領域においてこそ機能するからである。

　現代家族の機能が子どもの社会化と成人のパーソナリティの安定化に特化してきたといっても，それぞれが同程度の比重で並行して機能しているわけではない。親は子どもを社会化しつつ，そして自身のパーソナリティの安定化を図っているのであるから，単純に考えても親が子どもの社会化の方を重視するか，自身のパーソナリティの安定化の方を重視するかによって，子どもの社会化に及ぼす影響は異なってこよう。

　親が自身のパーソナリティの安定化の機能よりも，つまり休息と慰安の機能よりも子どもの社会化にウエイトをおいた行動をとれば，極端な場合は育児不安，母子癒着，また過保護や甘やかし，過干渉，また子どもの生活の管理・支配の問題となって浮かび上がってくる。今日の一子豪華主義は，親，特に母親を子どもの育児・教育に傾注させやすい。しかも今日の母親は，先に述べたように，誰の援助・助言を受けることもなく自身で母親役割を学習しなければならないから子どもの育児・教育に傾注することこそが良き母親の役割と思い込みやすい。たとえ自分の行動が子どもの発達にとって妥当なものなのかどうか確信をもつことができなくとも，少なくとも子どもの育児・教育に専念する限り母親役割から外れることはないと思っている。こうしてますます子どもの育児・教育に傾注していくのである。

　逆に親が自身のパーソナリティの安定化にウエイトをおけば，それは慰安と休息の機能という親自身の私生活領域を重視することであるから，平たくいえば，子どものことより自分の私生活優先ということになる。親は，自分の私生活優先的な生活スタイルのなかで，子どもの社会化に携わっているわけである。芹沢俊介は「親たちの子どもに対する，自己を優先した非妥協的で容赦ない姿勢があらわになってきている」（芹沢，2009，p.23）として，今日では，子どもに対する家族の許容度が低くなっていると指摘しているが，それは親の私生活優先主義的な生活スタイルが浸透してきていることを示している。時間はあっても寝転んでテレビを見たままで子どもに関わろうとしない父親の精神的不在は，この例である。だが，私生活優先主義的な生活態度を親が持ち続ければ，子どもは親から無視され否定されたと感じて，反発し反抗する場合もあるだろ

うし，親の私生活優先主義的な生活態度が極端になれば子どもを邪魔な存在として虐待するような場合も出てこよう。

いずれにせよ，今日の私生活化はすでに家族単位から個人単位へとさらに傾斜しているのであるから，子ども自身も自己本位的な行動をとるようになっていくだろう。今日は価値の多元化社会だといわれているが，それは裏返せばそれだけ家族単位の，あるいは個人単位の私生活化が進行しているということなのである。それはまた社会規範意識の希薄化をも意味する。

---

**考えてみよう**

① パーソンズの理論は普遍性が高いとされているが，一方において批判もされている。どのような点が批判されているのだろうか。

② 現代の親子関係はコミュニケーション不足だとか，世代の断絶などといわれているが，実態はどうなのだろうか。

③ 今日において私生活化が急速に進行しているのはどのような理由が考えられるだろうか。

---

【注】

1 山村は日本の伝統的な母親像として献身的母親像を析出している（山村，1971）。

【引用参考文献】

大橋薫，1966，「家族の機能」大橋薫・増田光吉編『家族社会学』川島書店．
国立社会保障・人口問題研究所編，2007，『平成17年わが国夫婦の結婚過程と出生力——第13回出生動向基本調査——』厚生統計協会．
厚生労働省，2005，『平成16年版　働く女性の実情』（www.mhlw.go.jp/houdou/2005/03/h0328-7a.html）．
厚生労働省，2009，『平成21年版　厚生労働白書』．
清水幾太郎，1954，『社会的人間論』角川文庫．
芹沢俊介，2009，『家族という絆が断たれるとき』批評社．
パーソンズ，T.・ベールズ，R.F.，1970，『核家族と子どもの社会化』（上）（下）（橋爪貞雄・溝口謙三・高木正太郎・武藤孝典・山村賢明訳）黎明書房（原著，1956）．
ミッチャーリヒ，A.，1988，『父親なき社会』（小宮山実訳）新泉社（原著，1972）．
山村賢明，1971，『日本人と母』東洋館出版社．

山村賢明，1983，『家庭教育』旺文社．
依田明，1980，「きょうだい関係」依田明・清水弘司編『きょうだい―現代のエスプリ』
　No.159，至文堂．

# 第Ⅱ部
# 子どもをめぐる諸問題

# 第2章 母親の育児不安

荒牧 美佐子

## 1 育児不安とその影響

### (1) 子育てに悩む母親たち

近年,少子化や核家族化,住居の都市化など,家族を取り巻く子育て環境の変化を背景に,地域や家庭における子育て機能の低下が進んでいる。身近に相談相手がいないことや,育児経験の不足などから,子育てに否定的な感情を抱く親も少なくない。

たとえば,全国の未就学児をもつ保護者に対して行われた大規模調査では,約7000人の対象者のうち,半数以上の母親が「育児に自信をもてないことがあ

| 項目 | % |
|---|---|
| 子どもがかわいくてたまらないと思うこと | 98.1 |
| 子どもを育てるのは楽しくて幸せなことだと思うこと | 93.5 |
| 子どもと遊ぶのはとてもおもしろいと思うこと | 91.1 |
| 子育てによって自分も成長していると感じること | 80.7 |
| 自分の子どもは結構うまく育っていると思うこと | 77.6 |
| 子どもが将来うまく育っていくかどうか心配になること | 66.0 |
| 子どもがわずらわしくていらいらしてしまうこと | 60.9 |
| 子どものことでどうしたらよいか分からなくなること | 59.6 |
| 子どもに八つ当たりしたくなること | 58.8 |
| 子どもを育てるためにがまんばかりしていると思うこと | 37.1 |

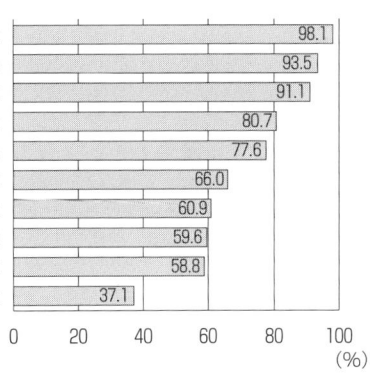

注)「よくある」+「ときどきある」と回答した割合の合計

図2-1 母親の子育て意識

資料)Benesse 教育研究開発センター,2006より改変

る」,「子育てに困難を感じたことがある」と答えている(小児保健協会, 2001)。また, 首都圏在住で0～6歳児をもつ母親を対象とした同様の調査(図2-1)では,「子どもが将来うまく育つか心配になること」,「子どもがわずらわしくていらいらしてしまうこと」があると答えた母親は, 全体の6割程度にのぼることが報告されている(Benesse教育研究開発センター, 2006)。

　こうした育児への否定的感情が関心を集めるようになったのは1970年代に遡る。この頃から, 母親の子殺し, 母子心中, 育児放棄という事件が取り上げられるようになったことを背景に, 育児期の母親の精神保健が注目されはじめた(田中・難波, 1997)。こうした否定的感情は, "育児ノイローゼ"や"育児不安"と呼ばれるようになり, 1980年代以降, 育児不安など「母親の心理や育児を行う当事者のもつ社会関係に焦点をあてた実証研究」が本格的に定着し(山根, 2000), 1990年代に入ると, "育児ストレス"に関する研究も増え始める(たとえば, Hisata et al., 1990；佐藤ほか, 1994など)。つまり, 子育てに関する問題を母親だけに原因があるものとして片付けるのではなく, 母子とそれを取り巻く社会とのつながりのなかでとらえていこうとする動きが見られるようになってきた。

　ただし, このように育児に対して否定的感情を抱くことは, 育児期にある親ならば誰でも経験することであり(Deater-Deckard, 2004), それ自体は問題とはいえない。問題なのは, 育児不安や育児ストレスなどの否定的感情が過度に高まることによって, 母親自身のメンタルヘルスや子どもの発達, 親子関係へネガティブな影響がもたらされるという点にある。こういった日常生活における育児ストレスが, 親業への満足度や一般的な生活満足度を低下させること(Crnic & Booth, 1991)や, 母親の抑うつ重症度に関連していること(佐藤ほか, 1994)などが指摘されている。また, 親の育児不安(欧米における研究では"parenting stress"(親業ストレス)と呼ばれることが多い)が, 子どもに対するネガティブな養育態度へと結びつくなど, 家族機能を低下させる要因となりうることが明らかになっている(Belsky, Woodworth, & Crnic, 1996)。

## (2) 子育てに対するアンビバレントな感情

しかし，育児不安や育児ストレスを感じる母親たちでも，育児に対して必ずしも否定的であるだけではない。たとえば，子どもや子育てに対する肯定的な感情を抱いているという点では，現在の若い世代の母親たちも，年配の世代となんら変わりがないという指摘がある（柏木，2003）。図2-1に示した調査結果からも，「子どもがかわいくてたまらないと思うこと」や「子どもを育てるのは楽しくて幸せなことなど思うこと」が「よくある」，あるいは「ときどきある」と答えた母親の割合が90％を超えていることがわかる。すなわち，母親は，子どもはかわいいし，子育てに対してやりがいを感じてはいながらも，子どもに対してイライラしてしまったり，子どもの育て方について不安になってしまうなど，子育てに対して肯定的な感情と否定的な感情の両方を併せもっているといえる。

こうした肯定的な感情と育児不安との関係について住田正樹は，「育児は母親の肯定的感情が基底をなしている」と指摘している。そして，「誰もがある程度の育児不安を抱えるが，育児への肯定的感情が確固としているために，育児不安が喚起されることはなく，それによる混乱も生じないが，育児不安が喚起され，育児への肯定的感情を上回るようになると，両者のバランスが崩れ，結果的に不安状況に陥ることになる」と説明している（住田，1999，p.6）。

## (3) 育児不安の構造

ところで，育児不安や育児ストレスとは具体的にどのような状態，あるいは感情を指すのだろうか。両者に違いはあるのか。

実は，育児不安や育児ストレスという言葉は，広く一般的に使用されているが，その定義や具体的な内容については曖昧である点が多い。母親が子育て中に感じる焦りや不安だけでなく，母親の身体的・精神的な疲労度や，父親の育児へのかかわり，周囲から得られるソーシャル・サポート状況，また，子どもの気質や育てやすさなどを含むこともある。

育児不安やその周辺概念について，その内容を整理している研究として，たとえば，佐藤達哉ら（1994）の研究があげられる。佐藤らは，育児ストレスを

「子どもや育児に関する出来事や状況などが母親によって脅威であると知覚されることや，その結果，母親が経験する困難な状態」と定義し，「かんしゃく」「人見知り」など子どもに関する内容を"子ども関連ストレス"，「育て方がわからない」「夫が子どもをかまわない」など母親や育児に関する内容を"親関

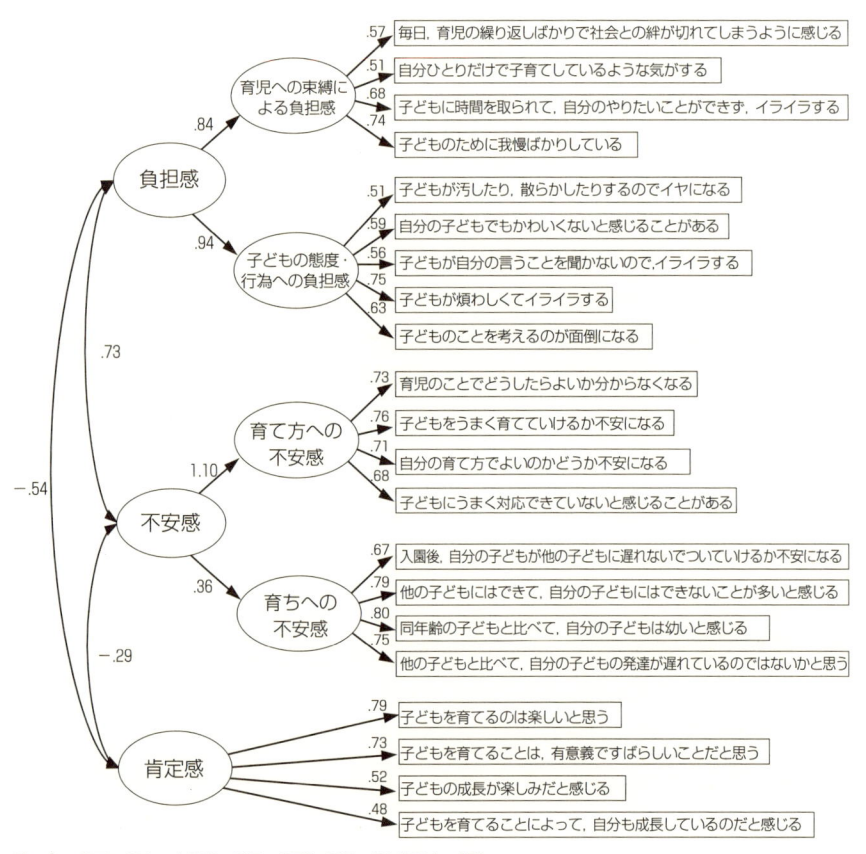

育児への束縛による負担感
- .57 毎日，育児の繰り返しばかりで社会との絆が切れてしまうように感じる
- .51 自分ひとりだけで子育てしているような気がする
- .68 子どもに時間を取られて，自分のやりたいことができず，イライラする
- .74 子どものために我慢ばかりしている

子どもの態度・行為への負担感
- .51 子どもが汚したり，散らかしたりするのでイヤになる
- .59 自分の子どもでもかわいくないと感じることがある
- .56 子どもが自分の言うことを聞かないので，イライラする
- .75 子どもが煩わしくてイライラする
- .63 子どものことを考えるのが面倒になる

育て方への不安感
- .73 育児のことでどうしたらよいか分からなくなる
- .76 子どもをうまく育てていけるか不安になる
- .71 自分の育て方でよいのかどうか不安になる
- .68 子どもにうまく対応できていないと感じることがある

育ちへの不安感
- .67 入園後，自分の子どもが他の子どもに遅れないでついていけるか不安になる
- .79 他の子どもにはできて，自分の子どもにはできないことが多いと感じる
- .80 同年齢の子どもと比べて，自分の子どもは幼いと感じる
- .75 他の子どもと比べて，自分の子どもの発達が遅れているのではないかと思う

肯定感
- .79 子どもを育てるのは楽しいと思う
- .73 子どもを育てることは，有意義ですばらしいことだと思う
- .52 子どもの成長が楽しみだと感じる
- .48 子どもを育てることによって，自分も成長しているのだと感じる

負担感 → 育児への束縛による負担感 .84
負担感 → 子どもの態度・行為への負担感 .94
不安感 → 育て方への不安感 1.10
不安感 → 育ちへの不安感 .36
負担感 ↔ 不安感 .73
負担感 ↔ 肯定感 −.54
不安感 ↔ 肯定感 −.29

注1) GFI=.934, AGFI=.917, CFI=.930, RMSEA=.052
注2) 調査対象は，幼稚園への入園を控えた幼児をもつ母親。
注3) 「不安感」から「育て方への不安感」へのパス係数の絶対値が1を超え，多重共線性の疑いが生じたことから，パス係数の正負が不安定となる可能性が残された。そこで，データをランダムに2群に分け，それぞれについて確認的因子分析を行った。その結果，「不安感」から「育て方への不安」へのパス係数の値はともに1を超えているものの，正の値で安定していることが確認された。

図2-2 育児感情尺度の確認的因子分析結果

出所) 荒牧, 2008

連ストレス"としてまとめている。また，川井尚ら（1999，2000）は，2つのタイプの"育児困難感"として，「育児に自信が持てない」「子どものことでどうしたらよいかわからない」といった"育児への心配や戸惑い，不適格感"と，「子どものことがわずらわしくてイライラする」「子どもがかわいいと思えないことがある」といった"子どもへのネガティブな感情や攻撃・衝動性"とをあげている。

　佐藤らは，育児への否定的感情は，母子が互いに関わりあうなかで生じるものとし，子ども側と母親側，どちらに関するストレスなのかで分類している一方で，川井らは，育児への否定的感情の内容の違いに着目して分けているといえる。そして，荒牧美佐子（2008）は，これらの枠組みを組み合わせ，"育児感情"の概念の整理を行っている（図2-2）。まず，育児への感情的側面における質的な違いから，「負担感」，「不安感」，「肯定感」に分けたうえで，さらに，否定的な感情を「親側」あるいは「子ども側」のいずれが起因となるかによって「育児への束縛による負担感」，「子どもの態度・行為への負担感」，「育て方への不安感」，「育ちへの不安感」に分類している。このように，育児不安の構成要素を明確に分けてとらえることにより，各々の背景要因の違いを明らかにすることが可能となり，効果的なサポートのあり方を考えることができる（荒牧，2008）。

## 2　育児不安の背景要因

　先述したように，現代の母親は，子どもをかわいいと思い，子育てにやりがいを感じつつ，その一方で育児に対する負担感や不安感を強めている。その背景にはどういった要因が考えられるのだろうか。

　育児不安の背景要因は大きく3つに分けられる（Crnic & Low, 2002）。「親側の要因」，「子ども側の要因」，そして，「社会的要因」である。

　以下，それぞれの領域について，具体的に育児不安との関連をみていく。

## (1) 親側の要因

　まず，親側の要因として，年齢と育児不安との関連があげられる。親の年齢については，単純に年齢の増加に伴って育児への否定的感情が高まる，あるいは低くなるというわけではなく，むしろ，10代のごく若い親（Richardson, Barbour, & Bubenzer, 1995）か，30代後半以上の高齢出産の母親など（Ostberg & Hagekull, 2000）において，"親業ストレス"が高いといった指摘もある。だが，実際のところ，年齢との関係についてははっきりしない点が多い（Deater-Deckard, 2004）。

　次に性差について，一般的に育児不安や育児ストレスは，父親よりも母親の方が高いことが指摘されているが，これは，生来の性差によるものではなく，一般的に，母親の方が父親よりも課せられている育児への負担が重いためであるといわれている（Cowan & Cowan, 1988）。したがって，主体的に育児に関わっている父親の場合には，そうでない父親よりも育児不安が高いことが指摘されている（住田・藤井, 1998）。

　また，親のパーソナリティ特性も育児不安の背景要因のひとつとしてあげられる。親の養育行動，態度（parenting）の規定因に関するプロセスモデルを提唱したベルスキー（Belsky, J.）は，そのモデルのなかに親のパーソナリティ特性を重要な因子として組み込んでおり，他者の視点をもつ，衝動をコントロールする，自分自身の生活を安定的に感じる，子どものニーズを満たす手段を身につける等のために，親自身が精神的に十分に成熟していることが不可欠であり，これによって，子育てにおける敏感性や応答性が高められると説明している（Belsky, 1984）。また，子育てにおいて，親のパーソナリティが成熟していることが重要であるのは，親は，子育てをし続けなければいけないし，子どもの行為に対してフラストレーションを感じても，安定して対応しなければいけないためと述べている。

　親の個人差として育児感情との関連で検討される要因として，自尊感情（安藤・岩藤・荒牧・無藤, 2006）などがあげられ，自尊感情が高いほど，育児への否定的感情は低いとされている。すなわち，もともと自分に自信がない，心配症であるといった特性をもつ母親ほど育児不安が高いということである。

## (2) 子ども側の要因

次に，子ども側の要因についてまとめる。

子どもの年齢や性別においても，親に関する要因と同様，"親業ストレス"や育児不安といった否定的感情との明確な関連は見出されていない（Deater-Deckard, 2004；Crnic & Low, 2002）。日本国内の研究においても，子どもの年齢や性別との関連はないとする指摘がある一方（たとえば，牧野，1983），関連を示唆する知見もある。

子どもの年齢に関していえば，子どもの発達段階によって子どもへの関わり方や子育てにおける悩みの内容も変化するだろう。たとえば，乳児であればまだ言葉をもたないため，なぜ泣いているのかがわからず，対応に戸惑うこともある。歩行が始まり，やがて言葉をもつようになると，自我が芽生え，2，3歳ごろには反抗期が訪れる。この時期の子どもは，何に対しても「イヤ！　イヤ！」を繰り返すなど，急にわがままになったように感じられて，とまどう親も少なくない。こうしたことから，子どもの年齢によって母親の抱く不安感の質が異なるとの指摘がある（川崎ほか，2004）。

また，子どもの性別に関しては，一般的に，男児の方が攻撃性が強く，多動などの問題行動が多いことや，子どもの発達に関する親の懸念は女児より男児の方に高い（野沢，1989）ことなどが指摘されている。また，子どもの個人差としては，発達障害・脆弱性・気質の困難さ・児童精神病理などが育児不安の要因としてあげられる（Crnic & Low, 2002）。たとえば，水野里恵（1998）は，気質診断類型でdifficultだとされる子どもをもつ母親は，easyタイプの子どもをもつ母親と比較して育児ストレスを強く感じていることを明らかにしている。こうした気の違いは子どもの問題行動に影響を与えているが（菅原ほか，1999），問題行動については，外面化・内面化型問題行動の両方が母親の"親業ストレス"と関連している（Shaw et al., 1998）。外面化型問題行動とは，具体的には，「怒りっぽい」とか「落ち着きがない」，「かんしゃくを起こす」といった注意欠陥多動傾向や攻撃的・反社会的行動傾向を示すことであり，内面化型問題行動とは，「引っ込み思案」や「怖がり」，「神経質」といった抑うつ傾向を指す。すなわち，子どもの行動や態度に何らかの問題があると感じてい

る母親ほど，育児不安が高いということである。

### (3) 家族システム・社会的要因

最後に，家族システムを含めた社会的要因との関連について述べる。

国内における研究で繰り返し指摘される要因として，母親の就労形態との関連があげられ，育児不安は専業主婦のほうが有職の母親よりも高く，育児への肯定感は，就労している母親の方がそうでない母親よりも高いと指摘されている。このように就労形態による違いがみられる理由として，柏木惠子は，"子育ては母親の手で"といった伝統的母親役割観が社会的規範としていまだ根強く残っていることをあげ，何よりも子育てを優先すべきであるという考えが母親に強い圧力をかけつづけている一方で，"個""私"を諦め抑圧しきれずに，育児への不安や子育てだけの生活への焦りへとつながっているという（柏木，2003，pp.204-206）。

また，専業主婦の育児不安を増大させる要因として，父親の育児参加との関連もあげられよう。父親の育児参加が少ないほど，母親の育児不安が高いことが指摘されている（たとえば，柏木・若松，1994）。父親の育児参加は，父親の帰宅時間が早いほど多く，帰宅時間は母親が就労している方が，専業主婦である家庭よりも早い（Benesse教育研究開発センター，2006）。すなわち，共働き家庭では，父親の帰宅時間も早く，子育てへの関わりが大きいといえる。こうした違いが母親の就労形態による育児不安の差に関与しているものと考えられる。

父親の育児参加に関連して，ひとり親群（母子家庭群），ふたり親であるが父親のサポートが少ない群，ふたり親で父親のサポートが多い群の3群で比較した結果，最も育児への否定的感情が高く，肯定的感情が低かったのは，父親からのサポートが少ない群であった。すなわち，父親の育児参加が母親の育児不安を軽減するうえで絶対的な効力をもつというよりも，父親からのサポートが期待できる状況においては，サポートが得られないことが母親の不満・負担につながっているといえよう（荒牧，2005）。また，父親の育児参加といった具体的な関与だけでなく，夫婦関係や，結婚満足度との関連も指摘されている（数井・無藤・園田，1996；住田・中田，1999）。

この他，父親と同様，祖父母などの親族からのサポートが母親の育児不安を軽減するうえで重要であること（冬木，2000）や，友人など親族以外からのサポートの有効性も指摘されている（園部ほか，2005）。

　最後に，これまでにあげてきたような夫や親族，友人からのサポートといった対人的なサポートの他に，育児雑誌や育児に関する本，新聞，テレビ番組等のメディアを通じて得る育児関連の情報も，母親の育児を支える重要な資源のひとつに数えられる。そういった意味において，育児情報も育児サポートの一部であるといえるであろう。

　育児情報に関する調査では，近親者や友人，育児雑誌が母親にとって主な情報源であること（村松，2000）や，知りたい情報内容によって育児情報源を明確に選択していること（山岡，2007）などが指摘されている。たとえば，情報源の選択について山岡は，習いごとについて情報を入手する場合を例にあげ，「育児雑誌に掲載された先輩ママの体験談や教材・通信教育の広告，専門家の教育助言記事を参考にして，信頼する友人や親戚から先行事例を提供してもらい，近所の友人には具体的な教室やスクールの評判や実績情報を尋ねる。」と情報収集に関する一連の流れについて説明している。そして，これらの情報行動の入り口に当たるのが，育児雑誌等のメディアとしての情報源であると述べている。

　また，こうしたメディア情報については，もともと自分の価値観に合ったものだけを選択する傾向があるために，振り回されるといったようなことは少ないが，それでも情報がたくさんありすぎて迷う母親が少なくない（村松，2000）。すなわち，情報が多いほど，母親の安心感を高める可能性がある一方で，否定的感情を煽ってしまうおそれもあるといえよう。

## ③　育児不安と今後の子育て支援

　以上，現代の母親が抱える育児不安の現状とその背景要因についてまとめてきた。重要なのはこうした知見をもとに，子育てにおけるリスクの高い母親の特徴を明らかにし，効果的な子育て支援に対する提言へとつなげていくことに

ある。実証研究によって得られた知見を具体的な子育て支援策に結びつけ，さらにその効果について検証した研究はまだ少ないが，全国の国公私立幼稚園を通じ，母親を対象に実施した質問紙調査の結果から，預かり保育を利用している，もしくは利用したいと希望している専業主婦は，利用の必要性を感じていないグループよりも育児への負担感が強いことが明らかになっている（荒牧ほか，2007）。こうした支援を継続的に利用した場合，育児への否定的感情が軽減されうるかどうかについては今後の検証が待たれるところであるが，幼稚園における子育て支援がリスクを抱えた母親にとっての重要な窓口となりうるという点で，支援の重要性が確認されたといえよう。

　しかしながら，実際の預かり保育の利用理由で上位にあげられるのは，「一時的な用事（PTA，授業参観）」や「仕事」となっており，子育てに追われ，精神的に追いつめられた母親が自らのリフレッシュのために利用できるような，いわば，育児への心理的負担を軽減しうるような支援として十分機能しているとは言いがたい。また，利用者の特徴をみると，幼稚園児の他に未就園の弟妹がいる場合には，利用したいという希望が強いにもかかわらず，利用が少ないことなどから，どんな母親にとっても気軽に利用できる体制を整えていくにはまだ工夫が必要であると考えられる。こうした支援が母親を甘やかせることにつながるといった危惧が聞かれることがあるが，現状は甘えられるほど体制が整っているとはいえないかもしれない。

　さらに子育て支援は，育児不安や育児ストレスを軽減するだけでなく，育児への肯定感を高める効果も期待できる。幼稚園における預かり保育や子育て相談以外の活動として，園庭開放や親子活動，母親向けのサークル活動などに積極的に参加している母親は，そうでない母親よりも，育児への肯定的感情が高いことが指摘されている（荒牧・無藤，2010）。

　今後，さらにどういった支援に効果があるのか，縦断的な視点にたった実証研究が必要であろう。

### 考えてみよう

① 育児不安を軽減する子育て支援としてどんなものが考えられるだろうか。

② 日本以外でも，母親は育児不安を抱いているのだろうか。調べてみよう。

**【引用参考文献】**

安藤智子・岩藤裕美・荒牧美佐子・無藤隆，2006，「幼稚園児を持つ夫の帰宅時間と妻の育児不安の検討：子どもの数による比較」『小児保健研究』65（6）．

荒牧美佐子，2005，「育児への否定的・肯定的感情とソーシャル・サポートとの関連：ひとり親・ふたり親の比較から」『小児保健研究』64（6）．

荒牧美佐子・安藤智子・岩藤裕美・丹羽さがの・掘越紀香・無藤隆，2007，「幼稚園における預かり保育の利用者の特徴―育児への負担感との関連を視野に入れて―」『保育学研究』45（2）．

荒牧美佐子，2008，「幼稚園への入園前後における母親の育児感情の変化」家庭教育研究所紀要，30．

荒牧美佐子・無藤隆，2008，「育児への負担感・不安感・肯定感とその関連要因の違い：未就学児を持つ母親を対象に」『発達心理学研究』19（2）．

荒牧美佐子・無藤隆，2010，「幼稚園における『参加型・協同型』子育て支援と母親の育児感情との関連」日本発達心理学会第21回大会発表論文集，492．

柏木惠子，2003，『家族心理学（社会変動・発達・ジェンダーの視点）』東京大学出版会．

柏木惠子・若松素子，1994，「「親となる」ことによる人格発達：生涯発達的視点から親を研究する試み」『発達心理学研究』5（1）．

数井みゆき・無藤隆・園田菜摘，1996，「子どもの発達と母子関係・夫婦関係：幼児を持つ家族について」『発達心理学研究』7（1）．

川井尚・庄司順一・千賀悠子・加藤博仁・中村敬・恒次欽也，1999，「育児に関する臨床的研究Ⅵ：子ども総研式・育児支援質問紙（試案）の臨床的有用性に関する研究」日本子ども家庭総合研究所紀要，36．

川井尚・庄司順一・千賀悠子・加藤博仁・中村敬・恒次欽也，2000，「育児不安のタイプとその臨床的研究Ⅶ：子ども総研式・育児支援質問紙（ミレニアム版）の手引きの作成」日本子ども家庭研究所紀要，37．

川崎裕美・海原康孝・小坂忍・出路愛・片野隆司，2004，「母親の育児不安と家族機能に対する感じ方との関連性の検討」『小児保健研究』63（6）．

佐藤達哉・菅原ますみ・戸田まり・島悟・北村俊則，1994，「育児に関連するストレスとその抑うつ重症度との関連」『心理学研究』64（6）．

小児保健協会，2001，「平成12年度幼児健康度調査報告書」日本小児保健協会．

菅原ますみ・北村俊則・戸田まり・島悟・佐藤達哉・向井隆代，1999，「子どもの問題行動の発達：Externalizing な問題傾向に関する生後11年間の縦断研究から」『発

達心理学研究』10（1）．

住田正樹，1999，「母親の育児不安と夫婦関係」『子ども社会研究』5．

住田正樹・藤井美保，1998，「育児不安に関する研究―父親の場合―」九州大学大学院教育学研究紀要，1．

住田正樹・中田周作，1999，「父親の育児態度と母親の育児不安」九州大学大学院教育学研究紀要，2．

園部真美・白川園子・廣瀬たい子・寺本妙子・高橋泉・平松真由美・斉藤早香枝・山崎道子・三国久美・岡光基子，2006，「母親の社会的ネットワークと母子相互作用，子どもの発達，育児ストレスに関する研究」『小児保健研究』65（3）．

田中宏二・難波茂美，1997，「育児ストレスにおけるソーシャル・サポート研究の概観」岡山大学教育学部研究収録，104．

野沢みつえ，1989，「親業ストレスに関する基礎的研究」関西学院大学文学部教育学科研究年報，15．

冬木春子，2000，「乳幼児を持つ母親の育児ストレスとその関連要因：母親の属性及びソーシャルサポートとの関連において」『現代の社会病理』15．

Benesse教育開発研究センター，2006，「第3回幼児の生活アンケート報告書　国内調査」ベネッセコーポレーション．

牧野カツコ，1983，「働く母親と育児不安」家庭教育研究所紀要，4．

水野里恵，1998，「乳児期の子どもの気質・母親の分離不安と後の育児ストレスとの関連：第一子を対象にした乳幼児期の縦断研究」『発達心理学研究』9（1）．

村松泰子，2000，「子育て情報と母親」目黒依子・矢澤澄子編『少子化時代のジェンダーと母親意識』新曜社．

山根真理，2000，「育児不安と家族の危機」清水新二編『シリーズ家族はいま…④家族問題―危機と存続』ミネルヴァ書房．

山岡テイ，2007，『地域コミュニティと育児支援のあり方―家族・保育・教育現場の実証研究―』ミネルヴァ書房．

Belsky, J., 1984, The determinants of parenting: A process model. *Child Development,* 55.

Belsky, J., Woodworth, S., and Crnic, K., 1996, Trouble in the second year: Three questions about family interaction. *Child Development,* 67.

Cowan, C.P., & Cowan, P.A., 1988, Who dose what when partners become parents: Implications for men, women, and marriage. *Marriage and Family Review,* 12.

Crnic, K. A., & Booth, C. L., 1991, Mother's and father's perceptions of daily hassles of parenting across early childhood. *Journal of Marriage and the Family,* 53.

Crnic, K. &, Low, C., 2002, Everyday stresses and parenting. In Bornstein, Marc H. (Ed), *Handbook of parenting. Vol.5: Practical issues in parenting* (2nd ed.), 243-267. Mahwah, NJ, US: Lawrence Erlbaum Associates, Publishers.

Deater-Deckard, K., 2004, *Parenting Stress.* New haven and London: Yale University Press.

Hisata, M., Miguchi, M., Senda, S. & Niwa, I., 1990, Childcare Stress and Postpartum Depression—An Examination of the Stress-buffering Effect of Marital Intimacy as Social Support—, 社会心理学研究，6（1）．

Ostberg, M., & Hagekull, B., 2000, A structural modeling approach to the understanding of parenting stress. *Journal of Clinical Child Psychology,* 29.

Richardson, R.A., Barbour, N.E., & Bubenzer, D.L., 1995, Peer relationships as a source of support for adolescent mothers. *Journal of Adolescent Research*, 10.

Shaw, D.S., Winslow, E.B., Owens, E.B., & Hood, N., 1998, Young children's adjustment to chronic family adversity: A longitudinal study of low-income families, *Journal of the American Academy of child and Adolescent Psychiatry*, 37.

# 第3章 父親の育児参加と育児観

山瀬 範子

## 1　父親の育児参加を求める声

　近年，父親の育児や教育への参加が各所から訴えられている。たとえば，2000年に内閣総理大臣官房広報室が行った世論調査では，「子どもの世話，しつけ，教育」に父親も「積極的にかかわるべき」「ある程度積極的にかかわるべき」とする回答は92.9％に達し，父親が育児に参加することを多くの国民が是としている（内閣総理大臣官房広報室，2000）。こうした声を受けてか，あるいは女性の社会進出と出産意欲の向上によって少子化に歯止めをかけるためか，政府も父親の育児参加を推奨している。2002年に発表された「少子化対策プラスワン」では，男性の育児休業取得率を10％にすることが目標として掲げられた。

　このような動きを受けて，教育社会学や家族社会学の諸分野においても，父親の育児参加や家庭教育とのかかわりなどについて明らかにする研究が蓄積されつつある。そうした先行研究によると，父親の育児参加は，育児の必要性や時間的余裕，相対的資源，性役割観に規定されるとされてきた（前田・松田，2000）[*1]。すなわち，父親が育児に参加する必要度が高い場合，育児に参加する時間的な余裕がある場合，父親が母親に比べて収入や資産が少ない場合，平等主義的な性役割観を有している場合などに，父親の育児参加が促されることが指摘されてきた。

　このうち，性役割観の問題は，他の要因と異なり，育児参加を促す個人内的

表3-1 育児休業取得の理由

| 名前<br>(年齢) | 父親の職業 | 母親の職業 | 育児休業取得の期間 | 育児休業取得の理由 |
|---|---|---|---|---|
| N・W<br>(31) | 電機メーカーのエンジニア | コンピュータの翻訳マニュアル製作 | 第2子誕生のときに1996年11月から5月まで。 | 育児休業の取得は労働者にとって当然の権利であるが、職場に迷惑をかけることも事実。夫の職場と妻の職場、どちらだったら迷惑をかけてもいいとはいえない。妻も自分も働く者としての立場に変わりはない。第1子誕生のときには妻が取得したので2人目は自分がとろうと考えたため。 |
| S・T<br>(36) | 建設省 | 建設省 | 1996年4月から8月までの4ヶ月間。 | 自分が休めば妻の職場復帰が早まるし、育児休業のチャンスが再び来る保証はない。しかし、決意した最大の理由は妻にえらそうな顔をされたくなかったこと。「一人で育てた」と子どもに教え込まれては困る。子どもにとってよいかどうかは別にして、父親として何かしたという証が欲しかった。 |
| K・N<br>(33) | 外資系消費財メーカーの管理職 | 外資系消費財メーカーの管理職 | 1997年12月から4ヶ月間。 | ひどいつわりの中、仕事をこなす妻の負担を考えると、「もっと何かしてあげることはないのか」という思いが強くなり、育児休業を取ることを決心した。 |
| Y・O<br>(30,32) | 公立保育所の保育士 | 別の保育所に勤務する保育士 | 1997年1月から3月までと1999年7月から9月まで。 | 子どもと関わることが本職だから、育児休業を取るのも自然な流れだと考えたため。 |
| M・O<br>(35) | 電機メーカーのエンジニア | 電機メーカーのエンジニア | 1992年2月から4月まで。 | 子どもが欲しいと強く主張したのが自分であったため。 |
| T・N<br>(33) | 商社勤務 | 大学専任講師 | 第2子誕生のときに1996年10月から半年間。 | 同じ家庭を営む者の責任としてようやく仕事に就いた妻が子育てに振り回されず、仕事に専念できる環境をつくりたかったことと、自分にとっても自分自身を見つめ直すよい機会になるだろうと考えたため。 |

注）年齢は育児休業取得当時の年齢。
出所）朝日新聞社編，2000より作成。

な要因と位置づけられるが，育児に参加する父親が必ずしも平等主義的な性役割観をもっているわけでもない。すなわち，育児は夫の家事参加が最もみられる分野であり，性役割観に関わりなく，育児参加がみられるということもあるのだ（永井，1992）。したがって，育児参加を促す個人内的な要因を考える場合，性役割観ももちろん重要なファクターのひとつではあるが，育児そのものに対

して父親がどのような意識を有しているのか，父親の育児観も検討する必要がある。

　表3-1は，朝日新聞社編（2000）をもとに，父親が育児休業を取得した理由をまとめたものである。これをみると，育児休業を取得する父親には，どのような性役割観をもつかというよりは，むしろ自分自身のなかで育児に対する明確な位置づけがあることがわかる。つまり父親の育児参加への個人内的な規定要因は父親のもつ育児に関する意識にあるのではないかと考えられる。そこで，本章では，父親の育児観と育児参加の関係について検討を加えてみたい。

　すなわち，父親の育児観を母親のそれと比較しつつ分析したうえで，それが育児参加とどのように関連しているのかを，質問紙調査の結果をもとに明らかにしていく。それによって，父親の育児参加がどのような基盤の上に促進されるのかを明らかにすることが，本章の大きな目的である。なお，本章で用いる育児観とは，①子どもを育てるという行為に対して父親が自らに役割を見出しているのか（＝親役割に対する考え方），②父親が自身の成長にとって育児の経験がどのような意味をもつと考えているのか（＝育児経験に対する考え方）という2つの視点からとらえられたものである。これは，先ほどの表3-1にみられるように，父親が育児休業を取得する上で，「父親として何かしたという証が欲しかった」といった父親役割に対するこだわりや「自分にとっても自分自身を見つめなすよい機会になるだろうと考えた」といった育児経験を父親自身の成長の機会ととらえる姿勢が大きな役割を果たしていると考えられるからである。

　質問紙調査は，2004（平成16）年12月上中旬にかけて，福岡市内の幼稚園5ヶ所と保育園4ヶ所において行ったものである。したがって，以下の分析結果は，幼稚園児または保育園児をもつ父親および母親のものである。回収された調査票は，1316組の配布に対して824組（父親が単身赴任中の家庭やひとり親家庭を含む），回収率は62.6％であった。

　親役割に対する考え方については，①父親・母親にそれぞれ独自の役割を見出しているか（「父親と母親の役割は違う」），②父親・母親にかかわらず，親としての共通の役割を見出しているのか（「父親・母親にかかわらず，親とし

ての役割があると思う」）という相対する2つの考え方を示し，それぞれ「まったくそのとおりだと思う」から「まったくそう思わない」まで4段階で回答を求めた。育児経験に対する考え方については，育児を自分の成長の機会ととらえているかどうか（「子どもを育てることで自分も成長していくと思う」），上記と同じ4段階で回答を求めた。父親の育児参加の状況については，子どもの世話に関する行為（「泣いている子どもをあやす」），母親の支援者としての行為（「母親の育児を手助けする」），遊びに関する行為（「子どもと一緒に遊ぶ」），教育に関する行為（「してはいけないことを子どもに教える」「子どもの興味関心を広げる」），「子どもと過ごす時間をつくる」といった，5項目についてそれぞれどの程度の頻度で行っているのかについて回答を求めた（「平日も休日も関係なくよくしている」「平日も休日も関係なく時々している」「休日にはよくしている」「休日にはときどきしている」「休日も平日も関係なくあまりしない」「平日も休日も関係なく全くしない」）。

## 2　育児に参加する父親の諸特徴

### (1) 基本的属性

　まず，調査対象者の属性を示すと，以下のようになる。父親の年齢は，30～34歳が24.6％，35～39歳が40.2％，40～44歳が22.9％である。したがって，30～44歳の年齢層に約88％の父親がいる。母親の年齢は，30～34歳が36.6％，35～39歳が43.1％，40～44歳が10.7％で，母親も90％以上が30～44歳の年齢層のなかに位置づくが，父親よりは若干若い。職業については，父親の84.7％がフルタイムのサラリーマン，12.6％が自営業および自由業に従事している。母親については，65.7％が専業主婦，18.5％がパートタイムの，9.1％がフルタイムの仕事に従事している。父親の1日の勤務時間は，10時間以上12時間以下という回答が52.9％と半数以上を占めている。したがって，半数以上の父親が1日平均2～4時間程度の残業をしていることになる。

　子どもの数は，ひとりと回答した者が22.5％，ふたりと回答した者が59.3％，3人と回答した者が16.9％で，4人以上と回答した者は1.3％であった。子ど

の性別はほぼ同数，子どもの年齢は，本調査は幼稚園および保育園で行ったので，4歳以上が83.4％を占めている。また，家族構成は，90％近くが核家族であった。

対象者の属性を概観すると，父親と母親の年齢差は少なく，長時間勤務の父親と専業主婦の母親が多く，子どもの数は少ない。前述の前田・松田（2000）の整理にしたがうと，このような状況は父親の育児参加を促す要因には欠けていることになる。しかしながら，家族構成を見たとき，祖父母が近隣に居住していない場合は，祖父母からの育児支援を期待しにくい環境にあるとも想定されるので，その意味では父親の育児参加を促す要因の内，「育児に対する必要性」は高いと考えられる。

## (2) 父親の育児観・母親の育児観

では，実際に，彼らはどのような育児観を有しているのだろうか。

まず，親役割に対する考え方であるが，結果は表3-2のとおりである。父親母親ともに，「親としての役割を重視する」と考えている者が多い。ただし，父親の方が母親よりも「父親母親それぞれの役割を重視する」と回答している

表3-2　親役割に関する育児観

(％)

| | | 重視する | 重視しない | 計 |
|---|---|---|---|---|
| 父親 | 父親・母親それぞれの役割を | 36.4 | 63.6 | 100.0 (751) |
| | 親としての役割を | 68.4 | 31.6 | 100.0 (748) |
| 母親 | 父親・母親それぞれの役割を | 22.8 | 77.2 | 100.0 (795) |
| | 親としての役割を | 77.5 | 22.5 | 100.0 (794) |

注）「重視する」＝「全くそのとおりだと思う」
　　「重視しない」＝「どちらかといえばそうだと思う」＋「どちらかといえばそうは思わない」＋「全くそう思わない」

表3-3　育児経験に関する育児観

(％)

| | | 重視する | 重視しない | 計 |
|---|---|---|---|---|
| 子どもを育てることで自分も成長していくと思う | 父親 | 63.9 | 36.1 | 100.0 (750) |
| | 母親 | 83.0 | 17.0 | 100.0 (793) |

注）「重視する」＝「全くそのとおりだと思う」
　　「重視しない」＝「どちらかといえばそうだと思う」＋「どちらかといえばそうは思わない」＋「全くそう思わない」

者が多く,逆に「親としての役割を重視する」と考えている者は母親の方が多かった。一方,育児経験に対する考え方については,表3-3のとおりである。「子どもを育てることで自分も成長していくと思う」という考え方を重視している者は母親の方が父親より多く,母親の方が父親よりも育児を通して自らも成長していることを感じていることがわかる。

以上のように,親役割に対する考え方,育児経験に対する考え方ともに,父親と母親との間で差が見られた。すなわち,母親は親の性別にこだわらず,親としての役割があると考え,育児を経験することで自分も成長していくと考えていたが,父親は母親ほどは親としての役割を重視しておらず,また,育児を経験することが自分の成長につながるとは母親ほどは感じてはいなかった。

## (3) 父親の育児参加の状況

では,本調査の対象となった父親たちは,実際にどのような育児行為にどの程度参加しているのだろうか。次に,その状況を確認しておこう。

表3-4は,父親がどのような育児行為を行っているのか,その頻度を見たも

表3-4　父親の育児参加の状況

(%)

| 育児行為の種類 | | | 育児参加の頻度 | | | 計 |
|---|---|---|---|---|---|---|
| | | | 平日も休日も参加 | 休日のみ参加 | 不参加 | |
| | 子どもの世話に関する行為 | 泣いている子どもをあやす | 55.5 | 31.0 | 13.5 | 100.0 (741) |
| | 母親の支援者としての行為 | 母親の育児を手助けする | 39.1 | 51.9 | 9.0 | 100.0 (748) |
| | 遊びに関する行為 | 子どもと遊ぶ | 34.3 | 62.8 | 2.9 | 100.0 (758) |
| | 教育に関する行為 | してはいけないことを子どもに教える | 70.0 | 26.1 | 3.9 | 100.0 (757) |
| | | 子どもの興味関心を広げる | 39.6 | 48.3 | 12.1 | 100.0 (752) |
| | | 子どもと過ごす時間をつくる | 33.9 | 62.7 | 12.1 | 100.0 (756) |

注)父親からの回答を基に作成。
「平日も休日も参加」=「平日も休日も関係なくよくしている」+「平日も休日も関係なく時々している」
「休日には参加」=「休日にはよくしている」+「休日にはときどきしている」
「不参加」=「休日も平日も関係なくあまりしない」+「平日も休日も関係なく全くしない」

のである。一次的な世話に関する行為（「泣いている子どもをあやす」）については，平日・休日ともに行っている父親が半数以上を占めていた。母親の支援者としての行為（「母親の育児を手助けする」）については，休日には行っている父親が半数を占めていた。遊びに関する行為（「子どもと遊ぶ」）は，半数以上の父親が休日に行っており，また，ほとんどの父親が子どもと遊んでいる。教育に関する行為では，「してはいけないことを子どもに教える」については7割の父親が平日も休日も行っていたが，「子どもの興味関心を広げる」については，半数弱の父親が休日に行っていた。「子どもと過ごす時間をつくる」は休日のみ行っている父親が62.7％と半数を超えていた。また，「泣いている子どもをあやす」「子どもの興味関心を広げる」「子どもと過ごす時間をつくる」については約1割の父親が全く行っていなかった。

### (4) 父親の育児参加と育児観

　こうした点を踏まえたうえで，育児観と育児参加の関連についてみてみよう。

　まず，親役割に対する考え方と父親の育児参加との関連であるが，ここでは，先の親役割に対する考え方を尋ねた2種類の質問について，「父親独自の役割を重視する群」と「親としての役割を重視する群」とに分けて，それぞれの育児参加の頻度を比較していく。その結果は，表3-5のとおりである。

　「泣いている子どもをあやす」ことをするかどうかと親役割に対する考え方との関連については，親としての役割を重視する父親のほうが，平日も休日も行っている者の割合が高くなった。それに対して，父親独自の役割を重視する父親ではこのような育児行為を行っていない者が29.4％おり，3割近くの者が泣いている子どもをあやすようなことを行っていなかった。

　「母親の育児の手助けをする」かどうかと親役割に対する考え方との関連については，親としての役割を重視する父親群の方が，平日も休日も行っている者の割合が高くなった。対して，父親独自の役割を重視する父親ではこのような育児行為を行っていない者が18.6％と，約2割の者が行っていなかった。

　「子どもと一緒に遊ぶ」かどうかと親役割に対する考えかたとの関連については，父親のもつ親役割に対する考え方によって休日・平日の参加の頻度に大

表3-5　親役割に対する考え方と育児参加　　　　　　　　　　　　　(%)

| | | 平日も休日も参加 | 休日のみ参加 | 不参加 | 計 |
|---|---|---|---|---|---|
| 子どもの世話に関する行為（「泣いている子どもをあやす」）＊＊ | 父親独自の役割を重視する父親群 | 41.2 | 29.4 | 29.4 | 100.0（ 68） |
| | 親としての役割を重視する父親群 | 60.3 | 29.0 | 10.7 | 100.0（307） |
| 母親の支援者としての行為（「母親の育児を手助けする」）＊＊ | 父親独自の役割を重視する父親群 | 25.7 | 55.7 | 18.6 | 100.0（ 70） |
| | 親としての役割を重視する父親群 | 44.4 | 50.3 | 5.3 | 100.0（304） |
| 遊びに関する行為（「子どもと一緒に遊ぶ」）＊ | 父親独自の役割を重視する父親群 | 37.0 | 54.8 | 8.2 | 100.0（ 73） |
| | 親としての役割を重視する父親群 | 34.6 | 63.1 | 2.3 | 100.0（309） |
| 「子どもと過ごす時間をつくる」＊＊ | 父親独自の役割を重視する父親群 | 30.6 | 59.7 | 9.7 | 100.0（ 72） |
| | 親としての役割を重視する父親群 | 35.9 | 62.2 | 1.9 | 100.0（309） |

（＊p＜.05，＊＊p＜.01　以下同様。）
注）＊父親独自の役割を重視する父親群…「父親と母親それぞれの役割を」「重視する」と回答し，
　　　かつ，「親としての役割を」「重視しない」と回答した父親
　　＊親としての役割を重視する父親群…「父親と母親それぞれの役割を」「重視しない」と回答し，
　　　かつ，「親としての役割を」「重視する」と回答した父親

きな違いは見られないが，行わない父親の割合は父親独自の役割を重視する父親のほうが8.2％と1割近く，親としての役割を重視する父親群の約4倍の割合を占めていた。

「子どもと過ごす時間をつくる」かどうかと親役割に対する考え方との関連については，どちらのグループでも，休日のみ行っている父親が半数以上を占めたが，父親独自の役割を重視している父親群では，行っていない者が9.7％と約1割を占めていた。

なお，「してはいけないことを子どもに教える」や「子どもの興味関心を広げる」といった教育に関する行為を行っているかどうかは，2群間で統計上有意な差は見出されなかった。

一方，育児経験に対する考え方と父親の育児参加との関連はどうなっているのだろうか。結果は表3-6のとおりである。

「泣いている子どもをあやす」かどうかと育児経験に対する考え方との関連

第3章　父親の育児参加と育児観

表3-6　育児経験に対する考え方と育児参加　　　　　　　　（％）

| | | 平日も休日も参加 | 休日のみ参加 | 不参加 | 計 |
|---|---|---|---|---|---|
| 子どもの世話に関する行為（「泣いている子どもをあやす」）** | 自分の成長を重視する | 58.5 | 31.5 | 10.0 | 100.0 (470) |
| | 自分の成長を重視しない | 48.4 | 31.3 | 20.3 | 100.0 (256) |
| 母親の支援者としての行為（「母親の育児を手助けする」）** | 自分の成長を重視する | 44.0 | 50.5 | 5.5 | 100.0 (470) |
| | 自分の成長を重視しない | 30.2 | 54.3 | 15.5 | 100.0 (265) |
| 遊びに関する行為（「子どもと一緒に遊ぶ」）** | 自分の成長を重視する | 36.3 | 62.6 | 1.1 | 100.0 (474) |
| | 自分の成長を重視しない | 29.7 | 63.9 | 6.3 | 100.0 (269) |
| 教育に関する行為（「子どもの興味関心を広げる」）** | 自分の成長を重視する | 43.3 | 47.8 | 8.9 | 100.0 (473) |
| | 自分の成長を重視しない | 32.5 | 49.4 | 18.1 | 100.0 (265) |
| 「子どもと過ごす時間を作る」** | 自分の成長を重視する | 36.9 | 61.6 | 1.5 | 100.0 (474) |
| | 自分の成長を重視しない | 27.2 | 65.7 | 7.1 | 100.0 (268) |

については，「子どもを育てることで自分も成長していく」という考え方を重視している父親のほうが，平日も休日も行っている者の割合が高く，重視しない父親では行っていない者が20.3％と，重視している父親の約2倍の者が行っていなかった。

「母親の育児を手助けする」かどうかと育児経験に対する考え方との関連については，「子どもを育てることで自分も成長していく」という考え方を重視している父親の方が，平日も休日も行っている者の割合が高く，重視しない父親では行っていない者が15.5％と高い割合になっていた。

「子どもと一緒に遊ぶ」かどうかと育児経験に対する考え方との関連については，どちらの考え方の父親でも，休日のみ行っている父親が半数以上を占めたが，行っていない者の割合は「子どもを育てることで自分も成長していく」という考え方を重視しない父親の方で高くなった。

「子どもの興味関心を広げる」行為を行っているかどうかと育児経験に対す

る考え方との関連については，どちらの考え方の父親についても休日に行っている者の割合が高くなったが，「子どもを育てることで自分も成長していく」という考え方を重視しない父親では，行っていない者の割合が2割近くを占め，重視している父親よりも高くなった。また，「子どもと過ごす時間をつくる」行為を行っているかどうかと育児経験に対する考え方との関連については，どちらの考え方の父親についても休日のみ行っている者の割合が過半数を占めていたが，「子どもを育てることで自分も成長していく」という考え方を重視しない父親の方が，行っていない者の割合が高くなった。

## ③ 父親の育児参加を促すためには

　以上，筆者が2004年に行った質問紙調査をもとに，父親の育児参加と育児観との関連を分析した。その結果，以下のような点が明らかとなった。
　第一に，育児観に関しては，母親は父親・母親にこだわらず親としての役割があり，育児を通して自分自身も成長していくと考えているのに対して，父親は父親・母親の役割は異なると考える傾向にあり，育児を通して成長すると母親ほどは感じていなかった。
　第二に，父親の育児参加に関しては，半数以上の父親が平日も休日も関係なく行っている育児行為は，教育に関する行為（「してはいけないことを子どもに教える」），一次的な世話に関する行為（「泣いている子どもをあやす」）であった。
　第三に，親役割に対する考え方と育児参加の頻度に関しては，子どもの世話に関する行為や母親の支援者としての行為，しつけに関する行為については，親としての役割を重視するような育児観をもった父親の方が平日も休日も行っていた。それに対して，父親独自の役割を重視するような育児観をもつ父親はどのような育児行為についても行っていない者の割合が多くなっていた。
　第四に，育児経験に対する考え方と育児参加の頻度との関連については，平日も休日も参加するか，あるいは，休日のみ参加するか，といった傾向にあまり差はみられなかったが，「子どもを育てることで自分も成長していく」とい

う考え方を重視している父親の方が，どの育児行為についても参加している頻度が高くなった。それに対して重視していない父親はどの育児行為についても参加しない割合が高くなった。

　先述したように，父親は一日のうちの大半の時間を仕事に費やしており，そのため，日頃の育児参加は，泣いている子どもをあやしたり，いけないことを教えたりといった即座に対応を迫られるような育児行為が中心となり，遊びや子どもの興味関心を掻き立てるような行為については休日に時間をつくり，行っているといえるだろう。また，育児観と育児参加との関連であるが，親としての役割を重視するような父親は子どもの世話や母親の育児の手助けにも積極的である一方，父親独自の役割を重視するような父親は育児参加そのものに対して消極的であった。

　また，育児を経験することが自らの成長につながると考えていない父親は育児参加に消極的であり，育児に参加しない父親の割合も高くなっていた。育児は楽しいことばかりではなく，今回対象とした保育園児や幼稚園児程度の年齢の子どもを育てることは苦労も多いであろう。育児を自らの成長の機会でもあると考えられないということは，育児に対して子どもを育てるという行為の目的以上の価値を見出せていないということになる。育児を経験することが自らの成長につながると考えていない父親たちは育児が自らの成長につながると考えている父親たちに比べて，育児に対する動機付けが少ないことになる。このような動機付けの希薄さが育児に対する消極的な姿勢を招いているのではないだろうか。

　今後，父親の育児参加を促していくためには，父親独自の役割を追求するのではなく，育児を通して，親として自分も子どもと一緒に成長していけるという点をアピールすることが要となるだろう。

### 考えてみよう

① 近年，父親の育児参加が強く求められるようになったが，その背景について白書などをもとに考えてみよう。

② 男性の育児休業取得率の推移を調べ，そうした変化がどのような社会的背景のもとに生じたのか，考えてみよう。

③ ノンフィクションや新聞などから，育児休業を取得した男性を探して，彼らの考え方や生活背景などについて調べてみよう。

【注】

1　前田・松田（2000）の整理によると，具体的には次のようになる。
　① 育児の必要性：育児の必要性は子どもの人数や子どもの年齢，祖父母による育児援助の有無により決定され，育児の必要性が大きいほど父親は育児に多く参加する。
　② 時間的余裕：母親が就業していて時間的余裕がないと父親は育児に多く参加する，また父親自身の勤務時間が短く自由になる時間が多いほど育児に多く参加する。
　③ 相対的資源：家族における夫婦の役割分担は最終学歴・収入・年齢といった夫婦間のギャップが影響しており，夫の妻に対する相対的資源が低いと夫は育児に多く参加する。
　④ 性役割観：性別役割意識や女性の社会進出に対する意識についてこだわらない「非伝統的」な考え方をもつ父親は育児に多く参加する。

【引用参考文献】

朝日新聞社編，2000，『「育休父さん」の成長日誌』朝日新聞社．
内閣総理大臣官房広報室，2000，「男女共同参画に関する世論調査」．
永井暁子，1992，「共働き夫婦の家事遂行」『家族社会学研究』No.4．
前田正子・松田茂樹，2000，「父親の育児参加に関する研究」『LDI REPORT』．

# 第4章 父親の不在

住田 正樹

## 1 はじめに

　現代産業社会を「父親なき社会」と特徴づけたのは，ドイツの精神分析学者ミッチャーリヒ（Mitscherlich,A.）である。彼は高度に産業化した社会では，かつての父権主義社会とは異なり，父親の権威は喪失し，存在意義は希薄化して，それが子どもの発達を阻害するようになったと述べている。かつて父親は子どもに実際に働いている姿を示して勤労や生活の態度・方法を伝えていたが，現代産業社会においては父親の労働は頭脳労働，管理労働のような非具象的な労働形態に変化したために，また職住分離が進んだために，父親は具体的に働いている姿を子どもに見せることはできなくなった。子どもが日頃目の当たりにする父親は，仕事の疲労を癒し，苦痛を和らげるために休息と慰安とを求めて解放感に浸る姿である。そして近年では母親の就労も増え，家庭の収入源はもはや父親だけではなくなった。その分父親の存在意義も希薄になったのである。だから家族内での父親の統率力，父親の権威は喪失して「父親不在」となった。今日の父親は子どもの，特に男児の自立を促す同一化のモデルとはなり得ず，発達の阻害要因になっているというのである。

　「父親不在」は，今日では子どもの病理現象を説明していく際のひとつの有力な考え方になっている。子ども，特に男児は，自己形成の過程において同性の父親と同一化しなければならない時期があり，また一方で父親に対する反抗，対立，葛藤という離反過程を通して自立していかなければならない時期がある。だが，父親不在によって今日では，そうした機会が喪失し，さまざまな子ども

の病理現象が生起するようになった。1970年代後半から家庭内暴力，校内暴力，不登校，いじめ，非行といった子どもの逸脱行動が増加し，社会問題化，かつ教育問題化してきたが，その背景として父親不在，そしてその結果としての母子密着が指摘されている。いったい父親不在は子どもの発達過程にどのような影響を及ぼすのか。

## 2　子どもの社会化と父親の役割

### (1) 父親の役割

　家族と子どもの社会化について，これまで最も体系的に分析してきたのは，アメリカの社会学者，パーソンズ（Parsons, T.）である。パーソンズの家族論には異論もあるが，しかし現在においてもなお普遍性の高い理論として知られている。ここでは第1章と同様にパーソンズの理論を中心に考察を進めていく。
　家族は，より大きな社会の一部分であるとともにそれ自身ひとつの下位組織を成している。そして家族内の組織は，性と年齢（世代）という2つの軸によって分化している。性別（男女）によって家族内の役割構造は分化し，年齢（世代－親子）によって権威構造が成立する。
　男女という性別の，それぞれの特性に応じた役割分化が性役割である。パーソンズは，生物学的機能に基礎づけられた家族内の役割分化を考え，父親は手段的役割を担い，母親は表出的役割を担うと区分した。この2種類の役割は，社会学者ベールズ（Bales, R. F.）が小集団実験から集団の維持存続の要件として見いだしたリーダーシップの理論をパーソンズが家族集団に適用したものである（第1章参照）。
　手段的役割とは，集団を外部環境に適応させるために，また集団の課題を遂行していくために必要な資源や情報を導入する活動であるが，家族集団についていえば，手段的役割を担う父親は，家族集団を外部環境，すなわち産業社会に適応させていかなければならない。それが社会全体の均衡を維持していくことになるのだが，そのためには外部環境から必要な資源を調達して家族集団を維持存続させていかなければならない。平たくいえば，父親は外部の産業社会

のなかで職業に従事することによって収入を得, それによって家族集団の生活を保障し, 維持させていかなければならない。父親は「生活の資を得る人」（パーソンズ, 1970（下）, p.219）となって家族を経済的に支える責任がある。家族を扶養すること, これが父親の役割なのである。職業から得る収入は家族集団を維持していくための正に手段なのである。

　これに対して, 表出的役割とは成員の緊張を処理して集団内部の調整をはかり, 集団を統合していくという活動である。家族についていうと, 表出的役割を担う母親は, 手段的役割を担う父親が職業に従事して家族集団を外社会に適応させていこうとする過程で生じた成員間の緊張や疲労を緩和し, 成員間の連帯性を維持して情緒的結合を高め, 家族集団を安定化させ, 統合していこうとする。パーソンズは母親は「安定と慰安の源」（パーソンズ, 1970（下）, p.181）だと述べている。

　父親は, 母親のように出産と養育という生物学的機能に規定されないから, 外社会に出て職業に従事し, 収入を獲得して家族集団に持ち帰るという手段的役割を遂行していく。だから父親は職業に従事することによって家族と外社会（産業社会）とを結びつけているのである。父親は職業を通して家族のなかに社会を持ち込むが, 同時に職業を通して社会のなかでは家族を代表し, 家族を社会と結びつけている。職業は, その機能を通して社会のなかに組み込まれているから職業を遂行していくために父親はその社会の普遍的・客観的な価値・規範を身につけていなければならない。つまり父親が身につけている価値・規範は, 家族にとっては社会を「代表する」ものなのである（パーソンズ, 1970（上）, p.136）。父親は家族と社会の媒介者であり, 家族に対する父親の判断・要求は社会の判断・要求なのである。

　父親の, こうした役割から父親には, 子どもに公平で客観的な態度で臨み, 子どもが社会の客観的・普遍的な価値・規範を習得するように訓練し, 統制することが期待されている。父親は子どもが成長したときに大人としての責任を負えるように子どもを訓練し, 統制して一定のしつけをしなければならないのだ（パーソンズ, 1970（下）, p.182）。父親の役割のひとつは子どもを自立的な社会人として社会のなかへと押し出していくことなのである。

## (2) 父親の権威

　パーソンズは男女（性）の機能次元上の差に加えて親子（年齢）という勢力次元の差を考慮して，図4-1のような家族内の役割構造を考えた。父親は手段的役割を担う地位的優越者であり（手段的リーダー），母親は表出的役割を担う地位的優越者である（表出的リーダー）。年長者は活動している限り，その年齢の故に権威を付与されるが，特に父親は手段的リーダーとして家族のなかでは強い力をもっている。

　父親は，先に述べたように，職業に従事し，何よりも家族を経済的に支える責任をもっているが，のみならず家族を変化する外社会に適応させていかなければならない。家族の安全を維持し，家族を保護する責任をももっている。そのために父親は外社会に立ち向かい，必要な場合には成員の，ある種の行為を抑制し，統制することもある。父親はそうした状況判断と意志決定の力をもっているし，手段的リーダーとしてそうした力をもっていなければならない。父親は家族に，特に子どもに対して社会の禁止事項，規則，価値，規範を習得させるように訓練し，統制していくのである。家族を代表して父親は状況判断と意志決定を行い，家族の安全を維持しようとする。家族はそうした力を父親に委ねている。これが父親の「権威」である（パーソンズ，1970（上），p.136）。父親は経済的にも社会的にも，正に家族の大黒柱なのである。

　したがって子どもにとって父親は，年長の地位的優越者として勢力を有する大人の男性というだけではなく，職業人としてのモデルであり，社会人としてのモデルなのである。そして現に家族集団の生活を維持し，家族集団の安全を確保し，家族集団を代表して活動している父親の姿を目の当たりにして，父親を頼もしく，力強い存在と見なし，父親に尊敬の念を抱くのである。実際，父

図4-1　核家族の基礎的役割構造

| 勢力 | 手段的役割優先 | 表出的役割優先 |
|---|---|---|
| 優位 | 手段的優位<br>父（夫） | 表出的優位<br>母（妻） |
| 劣位 | 手段的劣位<br>息子（男きょうだい） | 表出的劣位<br>娘（女きょうだい） |

出所）パーソンズ & ベールズ，1970（上），p.77

親はその力強さを具体的な形で示すように子どもにとって見上げるほどに高く，頑丈な体つきをし，子どもを持ち上げるほどに力があり，大きな声を出し，角張った厳めしい顔つきをしている。そうした父親に対して子どもは力（パワー）を感じ，父親の，その絶対的な力に憧れるのである。子どもにとって父親は，ベンソン（Benson, L.）がいうように「強制力の権化」（ベンソン，1973, p.72）なのである。

### (3) 性役割の獲得と精神的自立

　性による役割分化は，家族のみならず，その社会の男女の役割分化に対応している。だから性による役割分化は子どもからみると，男児が男性の役割を担うことを学習し，女児が女性の役割を担うことを学習するという性役割の学習過程に入ることを意味する。男児に対しては父親が，女児に対しては母親がそれぞれ男性のモデル，女性のモデルとなり，また父親と母親は社会化主体（ソーシャライザー）となって，それぞれの性役割を遂行させるために子ども（社会化客体　ソーシャライジー）を社会化していくのである。そのために親は子どもの性役割の学習過程を統制し，第１章で述べたように，許容，支持，相互性の拒否，報酬の操作というステップを踏んでいく。

　こうした性役割の学習過程に入るのは，エディプス位相の段階である（第１章参照）。年齢でいえば，おおよそ３・４歳くらいである。それ以前の段階（愛着期までの段階）は没性的な段階であり，子どもは父親を意識はするが，母親とは異なった役割をもった存在だとは意識しない。たまに母親の代わりをしてくれる人という程度にしか意識していない。この時期の親といえば，母親であるから母子の結びつきは強い。母親の，子どもに対する愛情は絶対的であり，子どもが存在するが故に愛するという盲目的なものである。子どもの方も母親は「安定と慰安の源」（パーソンズ，1970（下），p.181）であるほどに母親に全面的に依存して生活していかねばならない。

　しかし子どもを母親への依存から「切り離し」（パーソンズ，1970（下），p.182），子どもが社会のなかで大人としての責任を負えるように訓練してやらなければならない。この，子どもを母親依存から引き離すのが父親の役割であ

る。その意味で、先に述べたように、父親の役割のひとつは子どもを社会へと押し出していくことなのである。エディプス位相において子どもは、それまでの安定した母子関係のなかに父親が介入してくる経験し、不安に陥るが、しかしそれを機に精神的自立への第一歩を踏み出すのである。第一反抗期といわれるのは、この頃である。特に男児にあっては男性役割を形成していくために母子一体的な関係から抜け出し、同一化の対象を母親から父親へと移行しなければならない。

　だが、子どもは思春期になると自我を確立し、自立性を増大させていく。そうなれば親の意見、態度、言動をことごとく批判するようになり、親の統制に服さず、排除して、何事についても自己決定するようになる。特に父親は社会の権威の象徴とみなされるため、父親に対する反抗は強い。子どもの理想と当為による現実批判、父親批判である。だがそれは逆にいえば、親に反抗するほどにまで自我が確立してきたのであって、子どもの社会化過程においては正常なプロセスなのである。子どもが自立していく過程は具体的には親から離れていく過程である。親を拒否し、批判し、親に反抗するほどにまで精神的な自立心が高まってきたのである。これが第二反抗期である。

　しかし青年期になり、実社会に出ると、人生の危機はかつて夢見ていた以上に大きいことがわかり、父親を人生の先達として理解し、共感し、尊敬するようになる。以後、そうした尊敬の念を子ども（青年）はもち続けるのである。

## 3　父親の不在

### (1) 父親の物理的不在

　父親の不在には、物理的不在と精神的不在の2つがある。物理的不在とは父親と子どもとが時間的・空間的に接触する機会がないということであり、精神的不在とは時間的・空間的に接触する機会があっても父親は父親としての役割をもって子どもに接触しないことをいう（第1章参照）。

　産業化の進展とともに家庭と職場は明確に分離されるようになった。職住分離である。特に大都市では郊外化によって通勤距離が拡大し、たとえば首都圏

では通勤時間は平均1時間となっている（アットホーム（株）調査，2009）。だが，仕事の準備や後片付け，残業などの時間を含めれば，実質の勤務時間は長くなる。これに出勤の準備時間，生活必需時間を加えれば，子どもとの接触時間はほとんどなくなってしまう。『青少年白書（2008版）』によれば，9～14歳の子どもをもつ父親の子どもとの接触時間は「殆どない」23.3％，「15分程度」14.7％，「30分くらい」21.9％，「1時間以上」39.2％となっている。30分以下が6割である（59.9％）。子どもが幼児期，児童期になる頃には，父親の職場での地位も上昇し，仕事の責任も増大してこようから子どもとの接触機会はさらに減少することになる。しかも今日では父親は職業人として子どもに働く姿を見せる機会はない。大黒柱としての存在意義を父親は子どもに示すことができなくなってしまったのである。

　さらに今日では父親の単身赴任も増えている。単身赴任といっても国内に限らず，国外もある。1987年に41万9000人だった男性の単身赴任者数は2002年には71万5000人となっている（労働政策審議会，2004）。帰省の頻度も月に1回が28.6％，月に2・3回が31.2％である。

　父親の物理的不在は実際には，父親の「喪失化」なのである。

## (2) 父親の精神的不在

　父親の精神的不在は，さらに2つに分けられる。父親の「空疎化」と「母親化」といっておこう。父親の空疎化とは，父親と子どもとの接触機会はあるのだが，父親が子どもと接触しない，あるいは父親としての役割をもって接触しないという意味である。父親はいるが，父親としての中身がない。休日に父親は寝転んでテレビを見ているか，自分の趣味にうつつを抜かしているといった具合である。現代の職業は専門分化し，頭脳労働化し，また職場での競争化，管理化が進み，父親の精神的な緊張や疲労は大きい。だからそうした緊張や疲労から逃れ，家庭では休息と慰安を得たいというのが父親の実際の心境だろう。子どもとの接触の重要性を承知しつつも，実際に子どもと接触するのは煩わしいことなのである。

　ある調査によれば，父親が余暇時間にしていることは，スポーツ25.9％，テ

レビ・ビデオ・映画19.4％であって、半数（45.3％）が趣味・娯楽であり、子どもと過ごすのは13.9％でしかない（サントリー次世代研究所、2005）。

　父親の母親化とは、父親が子どもと接触しても、それは母親と同じように、ときには母親以上に母親的な態度・行動で接触するということである。そうなれば父親は母親化し、子どもにとって2人の母親がいることになる。図4-2は、育児に関して夫婦がそれぞれ担っている役割の自己評価と相手方の評価である（子ども未来財団、2004）。夫（父親）は幅広く育児活動に参加しているが、なかでも子どもの遊び相手や話し相手になる、子どもを誉める、スポーツや趣味を一緒にするといった、表出的、団欒的、支持的な側面の役割に関しての自己評価が高く、また妻（母親）の評価も高い。そしてその差は小さいから実際に夫（父親）が役割を分担しているのだろう。しかし日常生活のしつけをする、

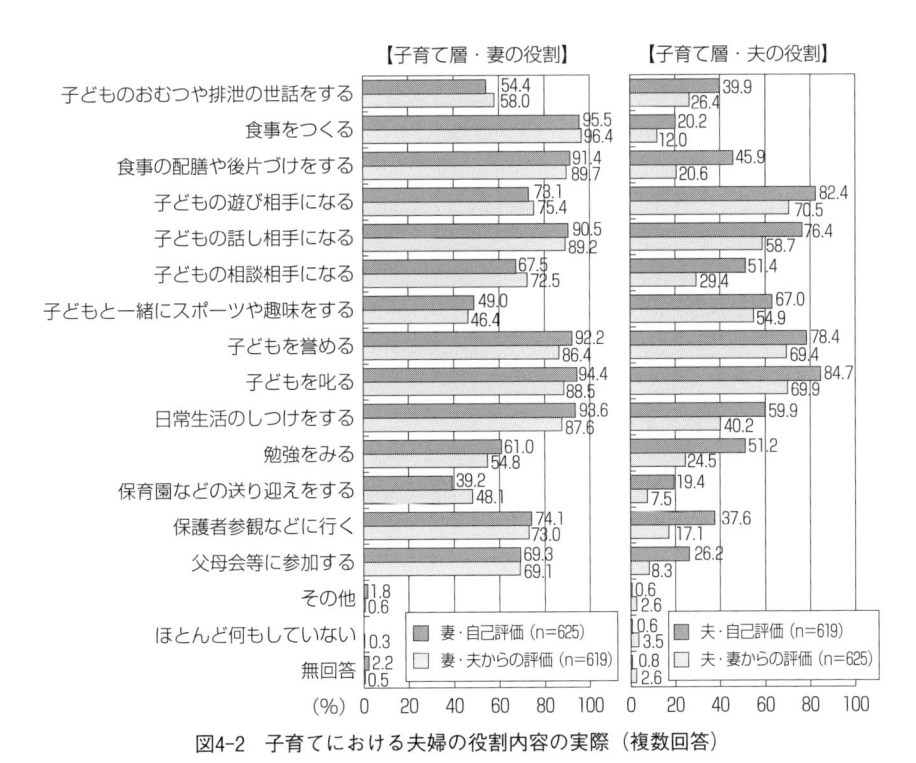

| 項目 | 【子育て層・妻の役割】自己評価 | 夫からの評価 | 【子育て層・夫の役割】自己評価 | 妻からの評価 |
|---|---|---|---|---|
| 子どものおむつや排泄の世話をする | 54.4 | 58.0 | 39.9 | 26.4 |
| 食事をつくる | 95.5 | 96.4 | 20.2 | 12.0 |
| 食事の配膳や後片づけをする | 91.4 | 89.7 | 45.9 | 20.6 |
| 子どもの遊び相手になる | 78.1 | 75.4 | 82.4 | 70.5 |
| 子どもの話し相手になる | 90.5 | 89.2 | 76.4 | 58.7 |
| 子どもの相談相手になる | 67.5 | 72.5 | 51.4 | 29.4 |
| 子どもと一緒にスポーツや趣味をする | 49.0 | 46.4 | 67.0 | 54.9 |
| 子どもを誉める | 92.2 | 86.4 | 78.4 | 69.4 |
| 子どもを叱る | 94.4 | 88.5 | 84.7 | 69.9 |
| 日常生活のしつけをする | 93.6 | 87.6 | 59.9 | 40.2 |
| 勉強をみる | 61.0 | 54.8 | 51.2 | 24.5 |
| 保育園などの送り迎えをする | 39.2 | 48.1 | 19.4 | 7.5 |
| 保護者参観などに行く | 74.1 | 73.0 | 37.6 | 17.1 |
| 父母会等に参加する | 69.3 | 69.1 | 26.2 | 8.3 |
| その他 | 1.8 | 0.6 | 0.6 | 2.6 |
| ほとんど何もしていない | 0.3 | — | 0.6 | 2.6 |
| 無回答 | 2.2 | 0.5 | 0.8 | 2.6 |

妻・自己評価 (n=625)　妻・夫からの評価 (n=619)
夫・自己評価 (n=619)　夫・妻からの評価 (n=625)

図4-2　子育てにおける夫婦の役割内容の実際（複数回答）

出所）子ども未来財団、2004、p.12

勉強をみる，子どもの相談相手になるといった，統制的，規律的，課題志向的な活動での自己評価は，表出的・支持的活動ほど高くはないし，妻（母親）の評価も低い。そしてその差は大きいから夫（父親）は自身が評価するほどには実際には関わっていないのである。つまり夫（父親）が分担しているのは，表出的，団欒的，支持的な役割であって，統制的，規律的，課題志向的な役割の分担は少ないというわけである。だが，先に述べたように，父親は社会の権威の象徴として子どもに社会の禁止や規律，価値の内面化を促す役割をもっている。その意味で夫（父親）が分担している役割は「妻の仕事の肩代わり」に過ぎないのだ（正高，2002，pp.101-102）。父親の母親化である。

## 4　父親の不在と子どもの社会化

### (1) 子どもへの影響過程

　父親不在が子どもの社会化に及ぼす影響過程については，3つの分析図式を考えることができる（図4-3）。第一は，父親不在の現象そのものが直接的に子

図4-3　父親不在と子どもの社会化の分析図式

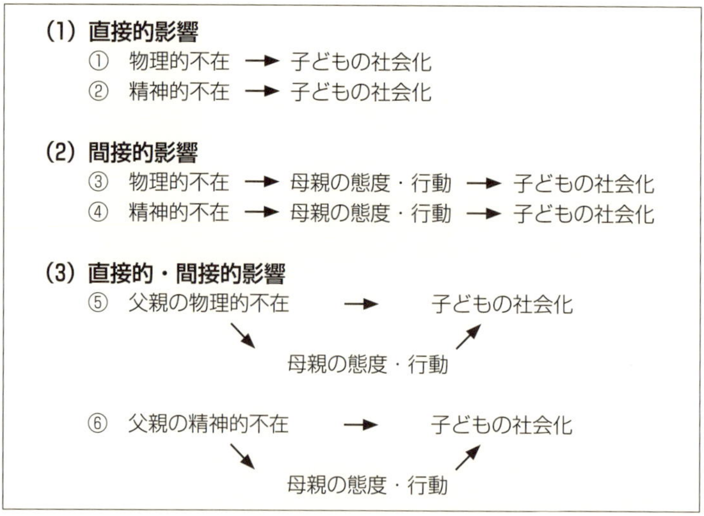

(1) **直接的影響**
　① 物理的不在 → 子どもの社会化
　② 精神的不在 → 子どもの社会化

(2) **間接的影響**
　③ 物理的不在 → 母親の態度・行動 → 子どもの社会化
　④ 精神的不在 → 母親の態度・行動 → 子どもの社会化

(3) **直接的・間接的影響**
　⑤ 父親の物理的不在 → 子どもの社会化
　　　　　　　↓　　　　　　↑
　　　　　母親の態度・行動

　⑥ 父親の精神的不在 → 子どもの社会化
　　　　　　　↓　　　　　　↑
　　　　　母親の態度・行動

どもの社会化に影響する側面である。この場合，父親不在には，①父親の物理的不在と，②父親の精神的不在とがある。第二は，父親不在が母親の態度・行動を媒介として間接的に子どもの社会化に影響する側面である。父親の不在を母親がどのように受け取り，どのように判断するか，その，父親に対する母親の見方（態度・行動）が子どもの社会化に及ぼす影響過程の側面である。母親が父親と子どもの媒介者になるわけだ。これにも③父親の物理的不在の場合と④精神的不在の場合の2つがある。第三に，⑤父親の物理的不在そのものが直接的に子どもに影響する過程とともに，その父親の物理的不在に対する母親の見方を介して，その母親の態度・行動が子どもの社会化に間接的に影響を及ぼすという側面がある。第一と第二とが一体となった場合である（①＋③）。さらに父親不在が，⑥精神的不在の場合もある（②＋④）。ただし，実際の分析に際しては，このように影響過程をロジカルに区分してとらえることは困難だろう。たとえば，①父親の物理的不在の影響過程は，実際には，③母親の見方が媒介となって子どもの社会化過程に反映していくだろう。

　ここでは第一の場合を父親不在の，子どもの社会化への直接的影響過程，第二の場合を父親不在の，子どもの社会化への間接的影響過程，そして第三の場合を父親不在の，子どもの社会化への直接的・間接的影響過程と呼んでおこう。以下，主要な3つのタイプの影響過程について考察しておく。

## (2) 子どもへの直接的影響過程
### 父親の物理的不在の影響過程

　ここでいう父親不在とは，本来は，産業化による分業的生産労働，管理労働，また職住分離による，いわゆる「見えない父親」（物理的・精神的に）を意味し，父親のいない家族（fatherless family）を意味しているわけではない。だから父親の物理的不在というのも父親と子どもとが時間的・空間的に接触する機会がないことを意味する。しかし父親の物理的不在の影響についての資料が乏しいため，ここではその典型例として父親のいない家族（fatherless family），すなわち母子家庭を取り上げ，父親の物理的不在の影響過程を考えてみよう。母子世帯数は2000年では62万5409世帯であったが，2005年には74万9048世帯となり，

19.7％と増えている。理由は生別89.6％，死別9.7％となっている（厚生労働省，2009，p.61）。

　父親の物理的不在は，家族内での男性役割モデルの喪失を意味するから，子どもの，特に男児の男性性同一化に問題が生じる。それは幼児期・児童期にあっては問題となることはないが，性役割行動が要求される青年期に表面化してくる。また父親の物理的不在が子どもの，特に男児の道徳性発達や知的発達に好ましくない影響を与えたり，病理的な行動の原因となる場合があるとする研究結果をリン（Lynn, D. B.）は数多く紹介している（リン，1981）。

　しかし父親の物理的不在といっても，つまりここでいえば父親がいなくなったといっても，その理由，そのときの子どもの年齢が関連してこよう。一般的にいえば，離婚，別居といった離別による父親不在の方が，病死，事故死といった死別による不在よりも子どもには特に不利な影響を与える。この場合，父親に対する母親の評価が大きく影響する。つまり①父親の物理的不在→子どもの社会化といっても，実際には，③父親の物理的不在→母親の態度→子どもの社会化という影響過程と重複してくる。そして父親に対する母親の評価は，死別の場合は好意的になるが，離別の場合は好意的にはならない。離別の場合は多くが夫婦間の葛藤を伴うからである。だから子どもも父親に対して否定的なイメージをもちやすい。また子どもの年齢も影響し，早期に父親不在になった場合，特に男児は競争心が乏しくなり，身体的活動が少なくなり，攻撃性が弱くなる傾向がある。だが児童期以降の父親不在は男児であっても男性的役割の発達への影響は少ない。早期とはエディプス位相の段階である。リンはこうした研究結果を数多く紹介している（リン，1981）。

　総務庁の調査によれば，死別による父親不在よりも離別による父親不在の方が子どもの非行原因となりやすい傾向が示されている（表4-1）。ただし，この場合は父親不在もさりながら，離別に伴う夫婦葛藤，家族緊張，家族解体による家族の愛情機能や経済的機能の喪失によって子どもが疎外状況に陥っていくことの方が要因として大きく，つまるところ，③の場合と重複してくる。

　このように考えてくると，父親の物理的不在の影響といっても，子どもがその，父親の不在をどのように理解しているかが大きな意味をもってくるといえ

表4-1　実父・実母との離別率

|  |  | 一般群 | | 非行群 | |
|---|---|---|---|---|---|
|  |  | 父と離別 | 母と離別 | 父と離別 | 母と離別 |
| 中学生 | 男 | 60.0 | 75.0 | 78.1 | 89.5 |
|  | 女 | 70.3 | 2：4 | 85.7 | 1：2 |
| 高校生 | 男 | 50.0 | 50.0 | 83.3 | 0：1 |
|  | 女 | 54.3 | 1：4 | 85.7 | 1：0 |

（注1）離別率＝離別数／（死別＋離別）
（注2）対象者が少ない場合には（死別数：離別数）の実数を表示している。
出所）総務庁青少対策本部，1990，p.25より

るだろう。

### 父親の精神的不在と家庭内暴力

　ところで子どもの社会化研究といっても，実際には社会化への影響過程を検証することは不可能に近い。それは社会化が非常に長期にわたる過程であるため社会化の結果を把握することが困難なこと，その長期の社会化の過程において決定諸要因が相互作用をするため特定の決定要因をコントロールすることが困難なこと，社会化の内容は価値，規範，信念，態度などであるから具象的な形態としてとらえることが困難なことのためである。決定要因と結果との関係を明確に把握することは容易でない。そこでここでは社会化の結果を確定しておき，その決定要因（父親不在）との関連を考察するという，いわば逆のアプローチをとってみよう。そしてここでは社会化の結果として子どもの問題行動を取り上げる。

　子どもの問題行動の例とするのは，家庭内暴力である。家庭内暴力は思春期の子どもの，家人に対する持続的な暴力または暴言であり，家具などの器物破壊も含む。1970年代から現れてきたが，1978（昭和53）年に有名私立高校生の家庭内暴力事件が起きて一挙に表面化し，大きな教育問題，社会問題となった。

　家庭内暴力にもさまざまなタイプがあるが，おおよそ共通に見られる現象は，核家族であること，中流階層であること，そして本章との関係でいえば，父親の精神的不在と子どもの反抗期がなかったこと，である。したがって父親の精神的不在と子どもの社会化との関連を考察していくという点では家庭内暴力は

好個の問題例だろう。ただし教育問題化，社会問題化した1980年代には多くの機関で家庭内暴力の実態，原因，治療についての調査研究が実施され，統計的データも収集されていたが，近年は，問題の性質上，調査が困難なこともあって統計的データは乏しい。そのため以下では，1980年代当時の資料を駆使しつつ家庭内暴力と父親の精神的不在の関係を考えてみる。しかし家庭内暴力の問題は今日に至ってもなお何も解決されていない（川谷，2001，p.12）。時には事件化する場合もある。1997年に家庭内暴力に悩む父親が起こした金属バット事件はまだ記憶に新しい。その意味では問題は少しも古くはなっていない。

精神科医の稲村博は，70例の思春期の子どもの家庭内暴力の分析から（小学生2，中学生17，高校生31，大学生6，その他14），**表4-2**のように家庭内暴力児の父親の養育態度を分類しているが，9つのタイプのうち放任・逃避が最も多い。稲村はこれを「心理的父親欠損」といっているが，要するに精神的不在である。甘やかし・盲従というのも父親として男性的モデルを示していないという点では精神的不在であるから，これを加えると6割が父親の精神的不在となる。父親の精神的不在→家庭内暴力という図式である。

表4-2　家庭内暴力児の父親の養育態度
(%)

| | 過保護溺愛 | 過期待 | 過干渉 | 厳格 | 拒否的 | 甘やかし盲従 | 放任逃避 | 不安定神経症的執着 | その他 |
|---|---|---|---|---|---|---|---|---|---|
| 男 | 6.1 | 14.6 | 4.9 | 6.1 | 6.1 | 14.6 | 42.7 | 3.7 | 1.2 |
| 女 | 9.4 | 18.8 | 2.4 | 3.0 | − | 18.0 | 43.8 | − | 4.6 |

(注)　男50例，女20例
出所）稲村，1980，p.68

表4-3　家庭内暴力児の母親の養育態度
(%)

| | 過保護溺愛 | 過期待 | 過干渉 | 厳格 | 拒否的 | 甘やかし盲従 | 放任逃避 | 不安定神経症的執着 | その他 |
|---|---|---|---|---|---|---|---|---|---|
| 男 | 17.6 | 36.5 | 23.0 | 2.7 | 0 | 4.1 | 1.4 | 13.5 | 1.2 |
| 女 | 7.5 | 25.0 | 35.0 | 10.0 | 2.5 | 12.5 | 2.5 | 7.5 | |

出所）表4-2に同じ

### (3) 子どもへの間接的影響過程

家庭内暴力児の母親の養育態度についても稲村は表4-3のように分類している。過期待，過干渉，過保護・溺愛が多く7割を占め，父親の態度で多かった放任・逃避は少ない。子どもに期待をかけ，何事にも口を出して子どもを支配し，世話を焼き，自分の望む方向に子どもを駆り立てるのである。稲村は，母親（妻）の，このような態度は，父親（夫）が仕事の多忙を理由に母親（妻）と対応せずにコミュニケーションを欠き，そのために母親（妻）は孤独感を深め，その代償として子どもに関心を集中させ，過期待，過干渉になっていくと事例分析を通して指摘している（稲村，1980，p.68）。希薄な夫婦関係が母子密着をもたらすのである。そうとすれば，父親の精神的不在が母親の態度・行動を子どもに向けさせ，その母親の態度・行動を通して子どもへと影響が及んでいくのである。物理的不在にしろ精神的不在にしろ，父親不在は子どもにとっては父親喪失であるが，母親にとっては夫喪失となる。

### (4) 子どもへの直接的・間接的影響過程

しかし家族はひとつの組織であるから父子関係は単なる二者関係に留まらず，夫婦関係や母子関係をも含んだ家族としての文脈のなかでとらえられなければならない。実際，子どもに対処する場合にも夫婦間で相互依存しつつ子どもに向き合うだろう。したがって父親不在を起点にしたとき，父親不在の，子どもへの直接的な影響過程とともに，その父親不在に対する母親の見方や評価の，子どもへの影響，つまり間接的影響過程をも取り上げて，子どもの社会化への影響過程をひとつのまとまりとして理解しなければならない。

表4-4は，家庭内暴力児の父母の関係を組み合わせて分類したものである（稲

表4-4　家庭内暴力児の父母の関係

(%)

| | 母親支配優位 | 父親支配優位 | 心理的父親欠損 | 夫婦不仲 | 円満（特に問題なし） | 片親欠損 | 片親病気 | その他 |
|---|---|---|---|---|---|---|---|---|
| 男 | 19.6 | 13.7 | 15.7 | 17.6 | 13.7 | 11.8 | 5.9 | 17.7 |
| 女 | 23.1 | 3.8 | 11.5 | 11.5 | 30.8 | 15.4 | - | 3.9 |

出所）稲村，1980，p.77

表4-5　親の養育態度（問題別）　　　　　　　　　　（％）

| 養育態度 | 父親 | | | 母親 | | |
|---|---|---|---|---|---|---|
| | 家庭内暴力 | 登校拒否 | 非行 | 家庭内暴力 | 登校拒否 | 非行 |
| 過保護・溺愛 | 12.5 | 18.4 | 11.8 | 30.0 | 28.7 | 20.9 |
| 過期待 | 0.0 | 5.7 | 0.0 | 0.0 | 3.6 | 0.0 |
| 過干渉 | 12.5 | 7.8 | 5.9 | 30.0 | 39.5 | 41.9 |
| 厳格 | 16.6 | 16.3 | 5.9 | 10.0 | 7.2 | 4.2 |
| 甘やかし・盲従 | 8.3 | 11.8 | 11.8 | 10.0 | 9.6 | 16.8 |
| 放任・逃避 | 34.8 | 32.6 | 58.7 | 6.6 | 6.6 | 4.2 |
| 不安神経症的固執 | 0.0 | 0.0 | 0.0 | 3.3 | 0.0 | 0.0 |
| その他 | 15.3 | 7.4 | 5.9 | 10.0 | 4.8 | 12.0 |

出所）稲村, 1994, p.138, ただし一部削除。

村, 1980, p.77）。先にみたように, 父親は放任的・逃避的であるから家族内では父親の存在感はなく（父親の精神的不在), そのため母親が優位になって支配的になり, 子どもに過干渉的, 過期待的になるのである。母親支配優位型である。こうした父親の不在は, 家庭内暴力のみならず, 不登校, 非行, 引きこもりにも共通すると稲村はいう。そして表4-5のように家庭内暴力, 不登校（登校拒否), 非行に共通する要因として父親の精神的不在（放任・逃避, 甘やかし・盲従), 母親支配（過干渉, 過保護・溺愛）という母親支配優位型を指摘している（稲村, 1994, p.138）。また川谷大治は, 今日では, 不登校→家庭内暴力→ひきこもり, という経過を辿るケースが多くなったと指摘している（川谷, 2000, p.11）。

表4-6　親への反抗　　　　　　（％）（　）内は実数

| | | 男子 | 女子 | 合計 |
|---|---|---|---|---|
| 第一反抗期 | 明確 | 10.1（ 87） | 13.4（ 26） | 10.8（ 113） |
| | 不明確 | 60.8（521） | 58.8（114） | 60.4（ 635） |
| | なし | 22.1（189） | 19.6（ 38） | 21.6（ 227） |
| | 無回答 | 7.0（ 60） | 7.0（ 16） | 7.2（ 76） |
| | 計 | 100.0（857） | 100.0（194） | 100.0（1,051） |
| 小学校低学年 | 明確 | 20.9（179） | 32.0（ 62） | 22.9（ 241） |
| | 不明確 | 59.3（508） | 51.0（ 99） | 57.8（ 607） |
| | なし | 13.5（116） | 12.4（ 24） | 13.3（ 140） |
| | 無回答 | 6.3（ 54） | 4.6（ 9） | 6.0（ 63） |
| | 計 | 100.0（857） | 100.0（ 87） | 100.0（1,051） |

出所）総理府『家庭内暴力に関する調査研究』1980。ただし高橋義人・江幡玲子編, 1982, p.17より作成。

そして父親不在の3つのタイプのいずれにも共通する家庭内暴力児の現象として反抗期がなかったことが指摘されている（表4-6）。幼い頃から手のかからない「よい子」だったのである。だが，それは，先に述べたように，親に反抗するほどの自我が確立せず，親の統制に服したままで，何事についても自己決定できず，自立への過程を辿っていないということである。親を，特に父親を批判し，現実を批判するほどの確固とした当為規範，価値や信念，理想を形成していないのだ。思春期の子どもは父親の権威を否定し，父親に反抗するが，しかしその否定や反抗を，逆の形で自らに反映させ，いわば反動として自らの意見，信念，価値を形成し，自我を確立していくのである。だが，父親不在となれば，思春期の子どもにとっては跳ね返りの壁となるべき権威が失われることになる。

## 5　父親の役割と協同的活動

　父親の役割が子どもを自立的な社会人として社会のなかへと押し出していくことであるとすれば，父親は子どもに対して社会の禁止，道徳，規則，価値を習得させるように訓練し，統制していかなければならない。だが，だからといって，今日のような高度産業化社会のなかでは，かつてのように子どもに働いている姿を示して勤労や仕事に対する態度・方法を伝えることはできない。では子どもに社会の禁止や道徳，規範，価値を習得させるように促すためにはどのような方法があるだろうか。ひとつは母親の，父親に対する見方が問題となる。母親はその表出的役割の故に父親と子どもの媒介者となるが，そのために母親は父子関係をよくもするし，悪くもする。母親の態度如何によって父子関係のあり方が決まるのである。だから子どもの育成に向けての父母の連携が必要となるだろう。

　しかしさらに有効な方法は，父親と子どもとの協同的活動である。父親と子どもとが同じ目標を設定し，その達成に向けて相互行為を継続していく過程が重要なのだ。この協同的な相互行為の過程において父親は子どもの思考・態度・行動を評価し，あるいは期待し，要求するが，そうした過程を通して父親と子

どもとの信頼関係は深まり，父親の価値・規範・規則は子どもに伝達されるのである。要するに父親と子どもとが一緒に日常的な協同的な活動をすることである。何でもよい。手伝いでもよく，遊びでもよい。その協同による相互行為の過程こそが「心の交流」なのだ。価値・規範・信念，そして感性や情感は相互行為の過程のなかでの言語的・非言語的なコミュニケーションを通して伝達されるものなのである。

　　　　お父さんの手
　　　　　　　　　　　原　裕（福岡・小）
　　　お父さんの手は
　　　ビールのにおい
　　　さけのにおい
　　　かいしゃのかばんのにおい
　　　日ようびは魚のにおい
　　　ボールのにおい
　　　ぼくはやきゅうをしてくれる
　　　日ようびのにおいが
　　　一ばんすきです　　　　　　　　（川崎，2000，p.56）

---

**考えてみよう**

① 現代の産業社会が「父親なき社会」といわれるようになった理由を考えてみよう。

② 父性とはどのようなことなのだろう，また母性とはどのようなことなのだろうか，考えてみよう。

③ そもそも権威とは何だろう，そして権威を感じることにどのような発達上の意味があるのだろうか，考えてみよう。

【引用参考文献・資料】

アットホーム㈱, 2009, News Release「トレンド調査」(東京・神奈川, 埼玉, 千葉在住の20～50代既婚男性サラリーマンで東京都内勤務の600人対象).
稲村博, 1980,『家庭内暴力』新曜社.
稲村博, 1994,『不登校の研究』新曜社.
柏木恵子編, 1993,『父親の発達社会学』川島書店.
門脇厚司・北澤毅編, 2008, 山村賢明・教育社会学論集『社会化の理論』世織書房.
川崎洋編, 2000,『こどもの詩』文春新書.
川谷大治, 2001,『思春期と家庭内暴力』金剛出版.
厚生労働省, 2009,『平成21年版 厚生労働白書』
子ども未来財団, 2004,「平成15年度子育てに関する意識調査報告書（概要版）」.
サントリー次世代研究所, 2005, 第1回レポート「親子のかかわり」父親559人対象（http://www.suntory.co.jp/culture-sports/jisedai/active/report/party/index.html）
総務庁青少年対策本部, 1990,『非行原因に関する総合的調査研究（第2回）報告書』
高橋義人・江幡玲子編, 1982,『家庭内暴力』学事出版.
内閣府, 2008,『平成20年版 青少年白書』
パーソンズ, T.・ベールズ, R.F., 1970,『家族と子どもの社会化』(上)(下)（橋爪貞雄・溝口謙三・高木正太郎・武藤孝典・山村賢明訳）黎明書房（原著, 1956）.
ベンソン, B., 1973,『父親の社会学』（萩原元昭訳）協同出版（原著, 1968）.
本多勝一編, 1986,『子供たちの復讐』朝日文庫.
前田剛夫, 1998,『父の殺意』毎日新聞社.
正高信男, 2002,『父親力』中公新書.
ミッチャーリヒ, A., 1988,『父親なき社会』（小宮山実訳）新泉社（原著, 1972）.
山村賢明, 1983,『家庭教育』旺文社.
リン, D. B., 1981,『父親―その役割と子どもの発達』（今泉信人・黒川正流・生和秀敏・浜名外喜男・吉森護訳）北大路書房（原著, 1978）.
労働政策審議会労働条件分科会第35回大会資料, 2004.（www.mhlw.go.jp/shingi/2004/09/s0928-7/c20.html）

# 第5章 しつけをめぐる混乱

多賀 太

## 1 家族としつけ

### (1)「しつけ力の低下」イメージ

　家庭のしつけをする力が低下しているという声が聞かれるようになって久しい。たとえば，1993年に旧総理府が行った「青少年と家庭に関する世論調査」によれば，「最近は家庭のしつけなど教育する力が低下している」という見方を支持する人は回答者全体の4分の3（「全くそのとおりだと思う」31.2％，「ある程度そう思う」43.9％）にものぼっており，そうした見方を支持しない人の割合はわずか（「あまりそうは思わない」13.5％，「全くそうは思わない」1.6％）であった（内閣府，2010a）。

　こうした世論を背景として，政府もさまざまな対策を打ち出してきた。たとえば，1996年7月の中央教育審議会第一次答申「21世紀を展望した我が国の教育の在り方について」では，家庭の「教育力」の低下を指摘したうえで，「子供の教育や人格に対し最終的な責任を負うのは家庭であり，子供の教育に対する責任を自覚し，家庭が本来，果たすべき役割を見つめ直していく必要があることを訴えたい」と，家庭教育にまで踏み込んだ提言を行った（文部科学省，2010a）。

　さらに，1997年の神戸連続児童殺傷事件を受けて提出された1998年6月の中央教育審議会答申「新しい時代を拓く心を育てるために―次世代を育てる心を失う危機―」では，冒頭に，今日の家庭における教育の問題として，過保護や

過干渉，育児不安とともに「しつけへの自信の喪失」をあげ，「しつけに当たって考えるべき基本的な事項」として34項目にもわたる提言を行った（文部科学省，2010b）。その後も，今日に至るまで，中央教育審議会や首相の諮問機関等で，家庭におけるしつけ不全を前提として家庭教育の重要性を説く提言が繰り返し行われてきている。

このように，国民の側も，政府の側も，「家庭のしつけをする力が低下している」ことはもはや疑いようもない事実であるかのように受け止めている。本当に家庭でしつけをする力は低下しているのだろうか。低下しているとすれば，それはなぜなのだろうか。あるいは，実は比較的無難にしつけが行われているのに，あたかもしつけをする力が低下しているかのように人々が思い込んでいるだけなのだろうか。もしそうだとすれば，それはなぜなのだろうか。

本章では，日本におけるしつけの変遷，人々のしつけに対する意識の現状，現代のしつけをめぐるイデオロギー等を概観しつつ，これらの点について検討してみたいと思う。

## (2) しつけとは何か

一般に「しつけ」は，「礼儀作法を身につけさせること」（『広辞苑』第六版）と定義される。教育学や社会学の事典では，さらに詳しく，「しつけ」を次のように定義している。

> 一般に社会化といわれている事象のうち，特に日常生活における基本的な行動様式や習慣の型を身につけさせることを意味する日常用語。
> 
> （『新教育社会学辞典』東洋館出版社，1986年）

> 個人がある特定の社会集団の生活様式・規範・文化を修得し，その集団の成員として実質的に参加してゆく社会化の過程に重なる。より正確にいうと，社会化の一形態であって，ある社会集団の成員（通常大人）がその集団への新参者（通常子ども）に対して，日常生活における習慣・価値・行動様式などを，教え・修得させる過程をいう。
> 
> （『社会学事典』弘文堂，1994年）

社会化の一つの形態であり，日常生活における基本的な習慣・態度・行動様式な

どを，主として子どもに体得させること。その根底には一定の価値規範が含まれているが，しつけという場合，力点は行動の形式的な規律面に置かれている。

(『社会学小辞典』有斐閣，1997年)

　これらの定義からは，「しつけ」の特徴として，少なくとも次の2点を指摘することができる。第一に，「しつけ」は「社会化」(socialization)の一形態であり，その目的はある社会集団の成員となっていくことにある点，第二に，「礼儀作法」といったある種の望ましい行動様式あるいは「型」の存在が想定されており，内面的な心のもちようよりも，そうした「型」の習得といった外的な行動が重視されている点である。

### (3) しつけに熱心でなかった親たち

　さらに，これらの定義に共通しているもうひとつの特徴は，しつけを，必ずしも親によってなされるものと見なしていない点である。日本の伝統的な地域共同体おいては，しつけは，家族ではなく共同体によって行われていた（徳岡，1976；山村，1986；広田，1999）。親たちは，日々の労働で忙しく，子どものことにそれほどかまっていられる余裕はなかった。そのため，幼い子どもの世話は，祖父母や年長のきょうだい，さらには近隣の大人や年長者などによって行われることが一般的であった。また，一定の年齢に達すれば，地域共同体を越えて他家に奉公に出し，「他人の飯」を喰わせることで一人前にするというしつけ方法さえも珍しくなかった。

　そうした地域共同体では，親による子どもへの働きかけは，労働力として子どもを一人前にすることを中心に行われていた。その一方で，親たちは，礼儀作法や基本的生活習慣などのしつけについては，それほど厳しくなかったり，無関心であったりすることも多かった。そうしたしつけにおいては，親よりも，人生の節目ごとに設けられた通過儀礼や，子供組や若者組・娘組などの年齢階梯集団の役割の方が圧倒的に強かった。

　また，子どもを，原罪を背負った罪深い存在とみなすキリスト教的な子ども観とは異なり，日本の伝統社会では，子どもの本性を本来善なるものと見なす

子ども観が支配的であった。そのため，親によるのであれ親以外によるのであれ，伝統的な日本の社会において比較的厳格なしつけが行われるのは，子どもがある程度の年齢に達してからであり，幼い子どもに対するしつけは，欧米に比べて比較的緩やかなものであった（柴野，1989，p.227；山村，1986）。

このように，昔の家族はしっかりしつけをしていたというわれわれの常識的なイメージとは異なり，日本の伝統的社会においては，親はそれほどしっかりとしたしつけを行っていたわけではないのである。

### （4）親によるしつけのはじまり

こうしたなか，大正期に新たに登場した「新中間層」において，家庭での教育やしつけに対する強い関心が芽生えはじめた。新中間層は，資本家などの上流支配層と下層労働者の中間に位置する階層であり，学歴を元手として専門職や事務職などの頭脳労働に従事しながら俸給によって生計を立てるという点で，物の生産に直接従事する旧中間層とも大きく異なっていた。

新中間層は，しつけをめぐる状況として，他の階層の家族とは異なる次のような特徴を有していた。第一に，都市部に主として核家族で暮らしており，伝統的な地域共同体や親族とのつながりが希薄であったため，従来共同体や親族が担っていた人間形成機能の多くの部分を親が担わなければならなかった。第二に，父親は被雇用者として家庭の外で働き，母親は家庭に留まるという性別役割分業のもとで，母親が子どもの教育に第一義的な責任を担うようになった。教育レベルの高い母親たちは，西洋の教育思想や心理学の影響も受けつつ，幼少期からの教育やしつけに敏感になっていった。第三に，資産をもたないかれらにとって，子どもに親の社会的地位を引き継がせる唯一の方法は，教育を与えることだった。子どもを学校生活に適応させ，学歴を取得させるためにも，知的な側面での教育はもちろんのこと，学校生活で求められる礼儀作法や基本的生活習慣に関するしつけも重視された（沢山，1990；小山，1999，pp.37-41）。

ただし，少なくとも戦前までは，そのようにしつけに熱心な家族は，都市部の比較的裕福な一部の層に限られていた。当時の日本の家族の大部分を占めていた農村の家族や都市部のあまり裕福でない家族においては，礼儀作法や生活

習慣面でのしつけはそれほど重視されていなかった。1950年代に農村地区で行われた家庭教育に関する調査からは，戦後もしばらくの間，親が子どもに対して最も重視していたのは，礼儀作法や基本的生活習慣よりも労働であったことがうかがえる。小学2年生と5年生に親から一番ひどく叱られたときの理由を尋ねた質問で，最も多かった回答は「家の仕事を手伝わない」ことであり，「いたずら」や「躾上のこと」を大きく上回っていた。また，親から一番ほめられたと思うときの理由として，回答者のほぼ全員が「家の手伝い」や「仕事」をしたときと答えていた（浜田，1953）。

しかし，1950年代半ばからの高度経済成長に伴い，雇用者層が急激に増加し，高校進学率が急速に高まるにつれて，多くの家庭に「中流」意識が広まっていった。そうしたなかで，多くの親たちがしつけに関心をもつようになり，しつけは親が行うものであるという考え方が常識化していった。

## 2 しつけは衰退しているのか

### (1) 意外にうまくいっているしつけ

前節で述べたように，1970年代以降，しつけは家庭を中心に行われるべきものであるという考え方が一般化してきた。では，本章の冒頭で紹介した中央教育審議会の答申がいうように，本当に家庭でしつけをする力は近年低下しているのだろうか。本当に親たちは，しつけへの自信を失っているのだろうか。

実際には，家庭でのしつけはさしたる問題もなく行われており，親たちもそれほどしつけへの自信を失ってはいないことをうかがわせる調査データもある。実は，回答者の4分の3が「しつけなど家庭での教育が低下している」という見方を支持していた先の1993年の「青少年と家庭に関する世論調査」においても，別の質問への回答を見てみると，意外な実態が浮かび上がってくる。回答者のうち，18歳以下の子どもがいる人に「あなたの家庭では，ふだん，親子の間で，どの程度，話し合いやふれあいの機会があると思いますか」と尋ねたところ，「十分ある」(33.2％)，「ある程度ある」(56.8％) を合わせて90.0％が肯定的な回答をしている。

また、「子どもを育てることについて、どのように感じているか」という質問に対しては、「義務、責任」（63.2％）と並んで、「楽しみ、喜び」（64.9％）や「生きがい、やりがい」（57.2％）といった肯定的な項目を選択する人が半数以上にものぼっており、「苦労」（12.4％）、「負担」（4.0％）、「つらい、苦痛」（3.6％）といった否定的な項目を選択した人の割合は非常に低くなっている。
　さらに、「子どものしつけや教育について、悩んだり、不安を感じたりすること」を15項目のなかから当てはまるだけ選択してもらう質問で、回答者の1割以上が選択しているのは、「子どもに基本的な生活習慣（挨拶、規則正しい食生活、整理・整頓など）が身についていない」（18.2％）と、「子どもが勉強しない」（11.6％）の2項目だけであり、「子どもに対するしつけや教育に自信がもてない」（7.3％）、「子どもに対するしつけや教育の仕方がよくわからない」（5.1％）、「子どもにどのように接してよいのかわからない」（3.0％）、「子どもに対するしつけや教育について、相談する相手がいない」（2.3％）といった、しつけに対する不安や自信のなさを示すような項目を選択した人の割合は、非常に低くなっている。
　このように、「家庭の教育する力が低下している」「家庭におけるしつけへの自信が失われている」という政府の認識が示された当時でも、子どもをもつ親たちの多くは、しつけにそれほど悩んでいるわけではなかったのである。

## (2) しつけに熱心な親たち

　冒頭に取り上げた1996年7月の中央教育審議会答申では、「これからの家庭教育の在り方」として、「日常の生活におけるしつけや感性、情操の涵養など、本来、家庭教育の役割であると考えられるものまで学校にゆだねようとする傾向のあることが指摘されている」という認識を示したうえで、「親は、子供の教育を学校だけに任せるのではなく、これからの社会を生きる子供にとって何が重要でどのような資質や能力を身につけていけばよいのかについて深く考えていただきたい」とも述べている。
　しかし、既存の調査からは、親たちがしつけを学校にゆだねようとしているというよりも、むしろしつけの大部分を家庭で行うべきだと考えていることが

うかがえる。ベネッセ教育研究所が1998年に小学３年生から中学３年生の子どもをもつ首都圏在住の母親を対象に行った「子育て生活基本調査」では，子どものしつけや教育にかかわる15の項目について，「どちらかというと家庭が教育する」「どちらかというと学校が教育する」「あえて教育しなくてよい」という３つの選択肢から１つを選ぶ形で尋ねている。その結果を見てみると，「学校に遅刻しない」「忘れ物をしない」「起床時間・就寝時間などの生活習慣」「歯の健康管理」「乗り物や路上などでのマナー」の５項目については，回答者の９割以上が「家族が教育する」べきと答えている。また，「文房具や教科書を大切に使う」「先生への態度や言葉づかい」「家での学習習慣」「お年寄りや障害のある人への思いやり」の４項目については８割以上，「いじめをしない」「夏休み中の勉強」の２項目についても７割以上が「家族が教育」するべきと答えている。「学校が教育」すべきという回答が半数を上回っているのは，「授業中騒いだり，立ち歩いたりしない」(69.3％)，「スポーツ能力や体力の向上」(69.7％) のわずか２項目だけである。

(3)「非行の原因」イメージ

　このように，全体的な傾向としては，親たちはそれほどしつけを学校に任せようとしているわけではないし，むしろしつけに熱心になってきている。ではなぜ，多くの人々が「家庭のしつけをする力が低下している」という見方を支持しているのだろうか。もちろん，過去への「ノスタルジー」(小玉，1996) や，「しつけにきびしい目を持つ人たちがしつけに寛容な親を批判するレトリックとして，誤って時代的な変化を読み込んでしまう」(広田，1999，p.186) という側面もあるだろう。しかし，とりわけ大きな理由として考えられるのが，「青少年の非行が増えている」→「非行の原因は家庭でのしつけの失敗にある」→「だから家庭でのしつけがうまくいかなくなっている」という思考パターンが常識化しているということである。

　2005年に内閣府が行った「少年非行等に関する世論調査」によれば，少年(14歳～19歳までの男女) による重大な事件が増えていると思うか減っていると思うかという問いに対して，93.1％の人が増えている(「かなり増えている」

66.1％,「ある程度増えている」27.0％）と答えている。その一方で,「最近の少年による重大な事件は,どのような経緯をもっている少年が起こしていると思うか」についてあてはまるものをすべて選んでもらう質問では,「保護者が教育やしつけに無関心な家庭の少年」（59.9％）の割合が他の項目に比べて圧倒的に高くなっている（内閣府, 2010b）。ほぼ同じ内容で内閣府が2001年に実施した「少年非行問題等に関する世論調査」においても,非行の大きな原因として70.9％の人が「家庭環境」をあげている（内閣府, 2010c）。

　少年非行に関する統計を見てみると,確かに,1990年代半ば以降,少年刑法犯の検挙件数も,少年による凶悪犯の件数も,人口10万人あたりで見ればやや増加傾向にある。しかし,これらは発生件数ではなく検挙件数であり,警察が取り締まりを強化したりより重い罪を適用して検挙したりするようになれば数値は上昇する（伊藤, 2007）。つまり,犯罪の発生を抑えようと努力すればするほど検挙件数が増え,犯罪が増えているような印象を人々に与えてしまうというパラドックスが生じるのである。また,長期的なスパンで見れば,少年刑法犯の検挙件数は,1980年代前半をピークとして減少傾向にあるし,凶悪犯の件数も,1950年代後半をピークとして減少傾向にある。したがって,こうした統計を見ただけでは,必ずしも重大な事件が増えているとは言い切れない。むしろ,「少年による重大な犯罪が増えている」という人々の印象は,特定の不可解な重大事件を大々的に報道するマスメディアに煽られて形成されている側面が大きいと思われる。

　本当に家庭のしつけの失敗が非行を生むのかどうかについても,明確な回答を出すことは難しい。家庭のしつけがどのように非行と結びついているのかを明らかにするためには,個別のケースを1つひとつ詳細に分析していく必要があるだろうし,一般的な傾向を明らかにするにしても,何をもって「しつけの失敗」と見なすのかによって結論は大きく異なってくる。

　いずれにせよ,数十年前までは,青少年の非行は,親のしつけよりも,階層や経済格差などの構造的問題によって生じているとの考え方が一般的であった。広田照幸によれば,富裕層の子弟の問題行動を語る際には,すでに大正期から「家庭のしつけの失敗が非行を生む」というストーリーが用いられていたが,

非行の圧倒的多数派を占める都市下層・労働者層の少年による非行については，高度経済成長期までは，家庭教育に問題があることは自明視されつつも，しつけを強調したところで解決するとは見なされていなかったという。ところが，高度成長期を境に「中流」意識が広まり，階層や経済格差が見えにくくなるにつれて，貧困や崩壊家庭に起因する下層の子どもの非行と，家庭のしつけの失敗による中流以上の子どもの非行とを区分するという見方が失われてきた。その結果，凶悪犯罪は下層の方が起こりやすいという傾向は変わらないにもかかわらず，家庭のしつけが失敗すれば，「どの子も同じ程度，非行に走る危険性をもっている」と意識されるようになったのである（広田，1999，pp.134-137）。
　このように，非行が増加している，凶悪化しているというイメージと，非行の原因は家庭でのしつけの失敗にあるという説明図式が疑いなく受け入れられることによって，家庭のしつけをする力が低下しているイメージが強化されていると考えられるのである。

## ３　しつけをめぐる不安と混乱

　もちろん，しつけに関して深刻な悩みを抱え続けている親は一定数いるだろうし，なかにはしつけを放棄してしまったり，「しつけ」と称して子どもを虐待しているような親もいるだろう。しかし，一般的な傾向としては，これまで見てきたように，親たちはますますしつけに熱心になってきているし，「自信を喪失している」といえるほどしつけについて悩んでいるわけでもない。
　ただし，深刻な悩みを抱えていない親でも，個々のしつけ場面においては迷うこともあるだろうし，しつけに関して漠然とした不安を感じることもあるだろう。だからこそ，「家庭のしつけをする力が低下している」という物語を，あまり疑うこともなく受け入れてしまうのではないだろうか。
　では，しつけに関して，そうした迷いや漠然とした不安をもたらしているものは何なのであろうか。ここでは，次の３つの側面から考えてみたい。

## (1) しつけイデオロギーにおける矛盾

　第一に，しつけに関わるイデオロギー自体が不安をもたらすという側面である。すでに大正時代から，新中間層の家庭におけるしつけには，互いに矛盾し合う，異なるしつけ方針が併存していた。一方に，「子どもの純真さや無垢という教育以前の状態を賛美する」という「童心主義」の考え方があり，他方に，「教育，学歴をつけることで無知な状態から子どもを脱却させる」といういわば「学歴主義」の考え方があった（沢山，1990，p.114）。さらに，これらに加えて，早期から生活規律を身につけさせ，知識面よりもむしろ人格面で厳格な人間形成を行おうとする「厳格主義」とでも呼ぶべき考え方も見られた（広田，1999，p.58）。これらは，それぞれ単独で取り上げるならば，どれもある種の望ましさをもっていることは間違いない。しかし，それらの考え方を同時に採ろうとすれば，しつけ手はしばしば葛藤に直面してしまう。これら3つのしつけ方針は，今日のしつけや教育の場面においても，さまざまな矛盾を生じさせながら併存している。

　さらに，これらのしつけ方針のうち近年最も支配的になってきたのが「童心主義」の系譜を引く「児童中心主義」であるが，この理念自体に，しつけ手を不安にさせる要因が内在している。児童中心主義の基本理念は，「子どもをおとなへの過渡的準備期間にある存在と考えるのではなく，それじたい固有の自律的主体とみなし，外部からの注入を排して，子どもの内発的可能性に期待をかけようとするものである」（柴野，1989，p.34）。そうした理念にもとづくしつけ方法は，次のような特徴をもっている。①しつけ手のコントロールは，明示的でなく暗示的である。②しつけ手がアレンジした状況の範囲内で，子どもは，いかに行動するかに関して選択の自由をもつ。③特定の技能の伝達や修得はあまり強調されず，結果よりもプロセスが重視されるため，しつけの目標や目安が失われ，情緒本意の漠然としたしつけ状況が生まれる。④達成基準が多様かつあいまいで，しつけの評価基準が個別的，状況的になりやすい。こうして，児童中心主義的なしつけ方針が一般化するなかで，しつけ手は，実際のしつけ場面において「依拠すべきしつけの枠組みを見出すことができず，不安な心理状態におかれる」（同，p.38）ことになるのである。

(2) 心理学主義

　しつけ手を不安にさせる2つめの要因は，心理学主義とでも呼ぶべき，「内面」を重視したしつけにまつわる語りの蔓延である。第1節で述べたように，伝統的なしつけにおいて重視されたのは，内面的な心のもちようよりも，まずは外的な行動様式としての「型」に合っているかどうかであった。そこでは，内面のありようが軽視されるわけではないにせよ，「外面を整えることによって内面はおのずからできてくる」「外面に現れる形の崩れは内面の乱れにつながる」といった思想があった（山村，1986）。

　しかし，近年のしつけをめぐっては，外的な行動様式よりも内面的な心のありかたに注目が集まる傾向が強まっている。たとえば，先にもふれた1998年6月の中央教育審議会答申では，「最近の少年非行の特徴の一つ」として「表面上，おとなしく見える子ども，普段問題行動を起こさないと大人から思われていた子どもなどが，『いきなり』対教師暴力や強盗などといった非行に走る例が少なくないと言われる」ことを指摘したうえで，「一見したところの『普通の子』であっても，必ずその前に，心身の不調を訴えていたり，些細なことに過剰に興奮したり，周囲の人に対して甚だしく攻撃的になったりするなど，サインを発しているはずである。問題は，それを親が見逃している，あるいは，気にはなっているが目を背けているということにある。」と述べている。

　しかし，心身の不調を訴えることは誰にでも起こりうることだし，特に思春期の子どもであれば，「些細なことに過剰に興奮したり」「攻撃的になったり」することなどなんら珍しいことではない。それでも，ほとんどの子どもたちは重大な非行を起こすこともなく大人になっていっている。心理学者や精神科医でない親たちに，そうした些細な行為を重大な事件のサインとして読み解くことを求めるのは酷というものであろう。

　結局，子どもたちのある行為が重大な事件の前兆であったかどうかは，事後的な解釈によってしか確認できない。それにもかかわらず，そうした行為を重大な事件の前兆として察知し，非行を予防することを求められるようになれば，親たちは，しつけがうまくいかなかったり子どもと心が通じ合っていないと大変な事態につながるかもしれないといった不安を駆り立てられてしまうのでは

ないだろうか。

## (3) 「社会」の喪失

　しつけの不安や「やりにくさ」をもたらしていると考えられる3つめの要因として,「社会」が見えなくなった点が指摘できる。第1節で述べたように,しつけは「社会化」の一形態であり,子どもが社会や集団の一員となっていくことを目的として行われるものである。したがって,「しつけを行っていくためには,しつけによってメンバーとなっていく具体的な集団が存在し,その集団がしつけを行う大人としつけられる子どもに重要な集団として認められることが必要」(千葉,1999,p.56) となる。伝統的な地域共同体においては,その共同体自体が,子どもたちにとっての生活の場であると同時に将来の労働の場であった。そうした状況においては,その地域共同体で一人前とみなされるような行動様式を習得するというしつけの明確な目的があった。

　ところが,今日の日本では,地域共同体が崩壊し,具体的な「社会」が見えにくくなってきた。「所属することが求められている集団を,またその集団に所属する必要性を認識することができなければ,大人は自信を持ってしつけを行うことができないし,子どもはしつけられることを納得することができない」(千葉,1999,p.56)。しつけを行うためにはしつけ手に権威が必要であるが,親の権威にしても教師の権威にしても,個人的な資質というよりも,かれらが共同体あるいは「社会」の規範の体現者であり代弁者であることに由来するものであろう。そうしたかれらの権威の後ろ盾となる「社会」なるものが見失われたとき,しつけ手の権威は失墜する。同時に,しつけの目標や型も見失われ,しつけは困難を極めることになるのである。

## (4) 多様性への着目

　最後に,「一億層中流」という神話が崩壊し,格差問題に注目が集まる今日,階層差や地域差をはじめとして,改めて家族の多様性という視点からしつけ状況をとらえ直す必要があるだろう。一方で,明らかにしつけが不足している家庭も一定程度確実に存在するだろうが,そうしたなかには,さまざまな事情で,

しつけをする余裕さえない家庭も少なくないに違いない。他方で，しつけに熱心になりすぎて，それが家族内の人間関係のひずみにつながっているような家庭もあるだろう。それらの家庭に対して，さしたる具体的な支援もなく，しつけの責任をただ問うだけでは，何の解決にもならないばかりか，親たちをますます追い詰めてしまうだけである（広田，1999，pp.170-172）。

「家庭のしつけ力は低下しているのか」という問いの立て方は，それぞれの家庭の間に見られる多様性や，そこで生じているしつけ問題の多様性を見えなくさせてしまう。われわれが今問わなければならないのは，「どのようなタイプの家庭に，どのようなタイプのしつけ問題が生じているのか」である。家庭教育に関する施策には，こうした視点に立った，家族のタイプの違いに応じた柔軟なアプローチが求められる。その一方で，しつけ手としての親たちは，過剰な不安を煽る世間の言説に振り回されることなく，自分たちの家庭のしつけには，何が不足して，何が過剰なのかを冷静に見つめる必要があるだろう。

### 考えてみよう

① 本章で論じられている以外に，しつけの不安や困難をもたらしている要因としてどのようなものが考えられるだろうか。

② これからの時代，明確なしつけの基準や型を提供してくれる「集団」や「社会」はありうるだろうか。あるとすればどのようなものだろうか。

【引用参考文献】

伊藤茂樹，2007,「少年非行と学校」酒井朗編『新訂　学校臨床社会学』放送大学教育振興会．
小玉亮子，1996,「家族の現実と子育て」『教育』第605号，国土社．
小山静子，1999,『家庭の生成と女性の国民化』勁草書房．
沢山美果子，1990,「教育家族の誕生」『〈教育〉—誕生と終焉』藤原書店．
柴野昌山編，1989,『しつけの社会学』世界思想社．
千葉聡子，1999,「家族によるしつけを困難にしている要因—社会集団を必要とするしつけ—」『文教大学教育学部紀要』第33集．
徳岡秀雄，1976,「庶民家族におけるしつけ」森岡清美・山根常男編『家と現代家族』培風館．

内閣府，2010a,「青少年と家庭に関する世論調査」（http://www8.cao.go.jp/survey/h5/H05-05-05-02.html　2010年4月29日確認）．

内閣府，2010b,「少年非行問題等に関する世論調査」（http://www8.cao.go.jp/survey/h13/h13-syonenhikou/index.html　2010年4月29日確認）．

内閣府，2010c,「少年非行等に関する世論調査」（http://www8.cao.go.jp/survey/h16/h16-shounenhikou/index.html　2010年4月29日確認）．

浜田陽太郎，1953,「家庭環境の教育に及ぼす影響」『家庭環境の教育に及ぼす影響』野間教育研究所紀要第十輯（復刊　1996,『戦後家庭教育文献叢書』第4巻，クレス出版）．

広田照幸，1999,『日本人のしつけは衰退したか―「教育する家族」のゆくえ―』講談社．

ベネッセ教育研究所，1999,『子育て生活基本調査報告書Ⅱ』ベネッセコーポレーション．

文部科学省，2010a,「21世紀を展望した我が国の教育の在り方について」（http://www.mext.go.jp/b_menu/shingi/12/chuuou/toushin/960701.htm　2010年4月29日確認）．

文部科学省，2010b,「新しい時代を拓く心を育てるために―次世代を育てる心を失う危機―」（http://www.mext.go.jp/b_menu/shingi/12/chuuou/toushin/980601.html　2010年4月29日確認）．

山村賢明，1986,「しつけ」日本教育社会学会編集『新教育社会学辞典』東洋館出版社．

# 第6章 虐待のメカニズム

大迫 秀樹

## 1 はじめに

　近年，子どもへの虐待が大きな社会問題となっている。全国の児童相談所における児童虐待の相談処理件数は，厚生労働省（当時，厚生省）が統計を取り始めた1990年度には，わずか1101件であったものが，2007年度には4万639件（厚生労働省，2008）になるなど，その急激な増加傾向が目立っている（図6-1参照）。このため，全国各地で児童虐待問題への対策が立てられるようになってきた。たとえば，児童虐待の予防および早期発見のために，育児不安のある母親に対する相談援助活動を行ったり，あるいは子育てサークルの育成を行ったりするといった取り組みが広がっている。また，民間の機関と児童相談所等の公的機関が，地域ネットワークを作り，早期の対応が出来るような体制を形成するといった取り組みも見受けられる。さらには，虐待を受けて傷ついた子どもに対するケアを行うために，被虐待児が一定の数以上入所している児童養護施設に心理療法担当職員を配置する等の取り組みも行われてきた。このように，児童虐待問題に対する取り組みは，社会情勢を背景に，さまざまな方面から進展しているのだが，一方では，未熟な親の増加，核家族化の進行，さらには地域での教育力の低下等の問題もあり，今後も，児童虐待の件数は増加していく可能性があると考えられている。しかも，児童虐待について考える場合，まず暴力等による身体的な傷の悲惨さが注目されるものであるが，実は虐待が及ぼす影響というのは，身体面だけではなく心理面にも及び，心理面での傷つきの

(件数)

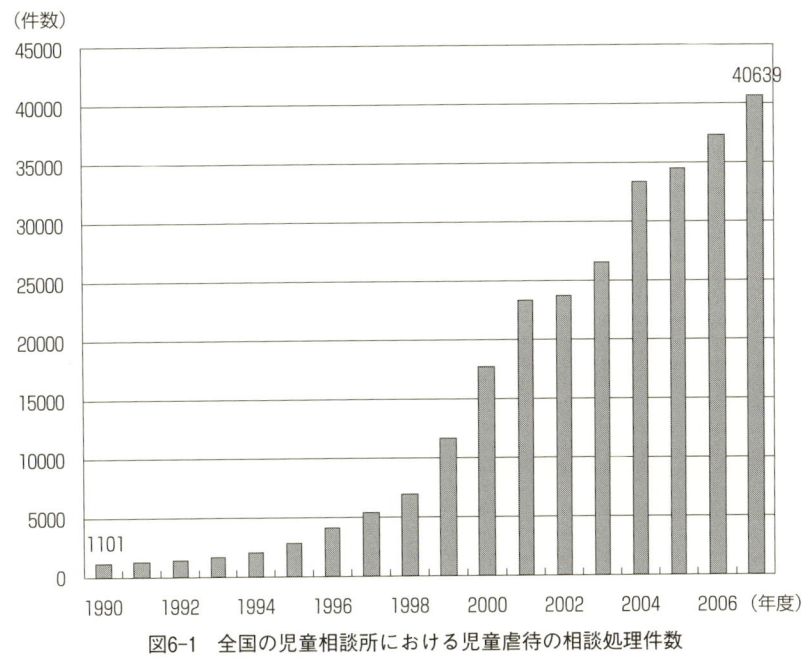

図6-1　全国の児童相談所における児童虐待の相談処理件数
資料）厚生労働省「社会福祉行政業務報告書」各年度版より

ために，非行，ひきこもり等の問題行動に走る場合もあることが広く知られるようになってきた。つまり，虐待を受けたことによって生じる心理的な影響についても看過できないのである。このため，その影響の大きさを考えると，虐待問題は社会全体で取り組んでいかなければならない非常に大きな課題のひとつだといえる。

　その際，われわれが持ち合わせておくべき重要な視点はいくつかあげられるが，そのひとつとして，その発生のメカニズム，あるいは一層悪化していく場合のメカニズムを明らかにしておくということが考えられる。これまでに，虐待を受けやすい子どもの性格特徴や虐待傾向のある親の特徴，あるいは虐待を生じる家族の特徴といった点から，多くの研究がなされてきており，それらによって，ある程度虐待の起こりやすいリスク要因といったものが認められている。本章では，それらを整理し，予防から介入，そして介入後の援助といった

第6章　虐待のメカニズム

取り組みに活かすことができるような視点を提供したいと考えている。なお，筆者はこれまで，児童相談所や情緒障害児短期治療施設の心理担当職員，児童自立支援施設の児童自立支援専門員として長期間にわたり勤務してきた経験をもっている。そこで，調査研究等で得られた知見に，実際の実務経験等で得られた知見をも加えながら，虐待の定義や本質，増加の背景等について概観した後，虐待のメカニズム，さらには悪化するメカニズムを明らかにしていきたいと考えている。

## 2 児童虐待とは

### (1) 児童虐待の歴史的概観および定義と本質

　児童虐待に対する認識が進んだのは，アメリカにおいて，小児科医のケンプら（Kempe, et al., 1962）が被殴打児症候群に関する報告を行い，子どもへの身体的な虐待が，実はかなりの頻度で発生しているということを提示したことに始まるとされる。当初は，親が子どもを虐待するという主張はなかなか理解されなかったとのことだが，そのような事例が，実は，それほど稀ではないということが明らかになり，その後，アメリカでは，急速に児童虐待に対応するための法的な整備，調査，あるいは研究が進展することとなった。また，同時に戦争帰還兵によるトラウマ（心的外傷）[*1]の問題が承認されたことも，児童虐待に対する理解が進んだことの一端になっているともされる。わが国では，アメリカに遅れて，池田由子（1979）の報告等をはじめとして，1980年代から徐々に関心が高まってきはじめ，1989年に日本で初めて児童虐待の予防，早期発見，援助方策等を検討するために，専門家で構成するネットワークとして「児童虐待対策検討会議」が大阪で設立された。それに次いで，1991年には東京で「子どもの虐待防止センター」が設立されている。また，1990年からは，厚生労働省が，児童虐待に関する児童相談所での相談件数を公表するようになり，さらに，1996年度からは，「児童虐待ケースマネジメントモデル事業」といった児童虐待に対する事業への取り組みをも始めるようになった。その後，2000年には，「児童虐待の防止等に関する法律」が可決し成立，続いて2005年には，

児童虐待の相談窓口を一義的には市町村としたうえで、児童相談所は高度専門的な対応、および後方支援を行うものであるという方針へ転換している。

さて、児童虐待とは、どのようなことを指しているのか、つまり児童虐待の定義についてであるが、これは「児童虐待の防止等に関する法律」が成立し、法律条文に明記されたことなどにより、かなり明確なものとなった。それによると、児童虐待とは、保護者および保護者以外の同居人が、この監護する子どもおよび同居する子どもについて行う身体的虐待、性的虐待、ネグレクト、心理的虐待のことであり、子どもの人権をいちじるしく侵害するものであると理解される。このように虐待の種類としては、以上述べた4類型が規定されている[*2]。もちろん、個々の具体的な行為が虐待にあたるのかどうかは、その状況や発生頻度にもよるので、一概には言い難いが、留意すべきは、あくまでも子ども側の視点、子ども自身が苦痛を感じているかどうかといった観点から判断されるべきだといわれている（厚生労働省, 2005, p.8）。つまり、たとえ親に愛情があり、しつけのつもりで行っていたとしても、それが子どもにとってマイナスとなっているならば、それは虐待であると考えられる。あくまでも、大人側の視点からではなく、子どもの側に立って考えることが必要なのである。また、西澤哲は、虐待の本質を「子どもの乱用」であるとし、次のように説明している。本来的な親子関係というのは、親が子どもの欲求を満たす役割を果たし、子どもは親によって欲求を満たされる役割をとるということであるが、虐待関係というのは、子どもによって親が欲求を満たされる役割をとり、子どもが親の欲求を満たす役割をとることであるとする。たとえば、赤ちゃんがお腹を空かせて泣いていれば、親は食物を与えることで、親は子どもの欲求を満たしてやることになるのだが、3歳の子どもに、掛算九九を無理やり覚えさせようとして、それができないことに腹をたてて殴るという行為があれば、それは実は、親が子どもの欲求を満たしているのではなく、親自身の欲求を満たそうということになるのだと考えられる。あるいは、5歳の女の子に性的関係を強要することもまた同様である（西澤, 1997, pp.13-18）。このように、児童虐待を理解するには、単なる行為のみに目を向けるのではなく、こういった本質を理解しておくことが必要である。

## (2) 児童虐待増加の背景

　先にも述べた通り，全国の児童相談所における児童虐待に関する相談処理件数は，大幅に増加している。この背景のひとつとして，核家族化の進行や地域社会の崩壊，あるいは少子化の進行に伴って，育児が以前より困難となり，母親の不安やストレスが増大し，その結果，虐待が発生しているということが考えられている。これはいわば，純粋な実数の増加と見なされるが，要因はこれだけではない。児童虐待を正確にとらえるためにも，児童虐待の件数が増加している背景として，次のことを理解しておくことが必要である。

　児童虐待の概念においては，あくまでも，大人側の視点ではなく，子どもの立場に立って考えることが強調されている。これは，伝統的に親権という考え方をとってきたわが国においては，大幅な意識の改革を迫られる状況である。実は，このことに大きな影響を与えたのが，1989年に国連で採択され，1994年にわが国でも批准された「子どもの権利条約」の内容である。この条約では，子どもをあくまでも権利行使の主体としてとらえており，子どもの意見表明権を尊重することなどが盛り込まれている。これ以前には，子どもというものは，親によって「保護されるもの」，あるいは，極端な場合には，「親の所有物」といった考え方もなされていたのであるが，この条約により，子どもの主体的な権利が認められ，旧来のとらえ方は改められた。それゆえに，親の側から見た場合には，親は，単に子どもを保護するものとしてあるのではなく，子どもの最善の利益を考え，子どもの権利行使を援助していく者として振舞わなければならないとされたのである。このことによって，当時の児童福祉施設においては，子どもに意見表明権があることを示すために，子ども向けのパンフレットを作成したり，あるいは，職員の研修会のテーマとして取り上げて研修を行ったりするといった取り組みが実施された。このことは，児童福祉に関わる関係者の子どもに対する人権意識を高めて，児童虐待へ取り組むことの必要性認識を強めたといえ，ひいては，児童虐待という概念自体を発達させたことのひとつの大きな要因になっていると考えられる。

　また，児童虐待が子どもの心に与える影響の大きさが理解されるようになり，心のケアという視点から，対応の必要性が理解されるようになったということ

も大きい。アメリカにおいて、児童虐待が認識されるようになった背景の一要因として、ベトナム戦争の問題について触れた。ベトナム戦争後には、帰還兵が「恐い、恐い」と震えたり、あるいは戦争は避けたいはずなのに、あえて外国の軍隊に雇われたりすることがあったされる。これは、精神医学的、臨床心理学的にみた場合、PTSD症状（心的外傷後ストレス障害）であるということがわかってきた[*3]。このようなことは、日本においては、一部の専門家のみに知られていた状況ではあったが、1995年に起きた阪神・淡路大震災後には、非常に多くの人々が、災害後、長期にわたって心理的な問題で苦しむという状況が現れた。このことは、心の傷や心のケアといった問題に対する世間一般の人たちの関心をも引きつけることとなった。あるいは、この時期には、地下鉄サリン事件なども起こったのだが、このような事件によって被害者が負った心の傷の問題も、同様に世間一般の人たちに注目されることとなった。そのなかで、実は虐待という行為によって、反復継続的に加害を与える体験も、大きな災害や事件等による単回性のものと同様に、子どもにトラウマを与え、PTSD症状を引き起こしているということがわかってきたのである。このことは、虐待を受けた子どもに対しても、早急かつ十分に心のケアを行っていく必要があるということを知らしめたのである。

　さらには、これらの認識の高まりによって、児童虐待に対するネットワーク形成等が急速に進められたり、厚生労働省が、本格的な対策事業に乗り出したりすることとなり、細やかで迅速な対応ができるようになってきた。その結果、埋もれていた虐待が認知されるようになったことも考えられる。そのうえ、「児童虐待の防止等に関する法律」の成立および改正によって、それらの対応が一層強化されたことなどが考えられる。

### (3) 児童虐待の影響

　児童虐待は子どもの心に大きな影響を及ぼすが、たとえば、児童虐待を受けた子どもには、喜びや悲しみなどの感情の表出が極端に低下するといった感情鈍麻の傾向、あるいは逆に、落ち着きがなくなり、些細な刺激に過敏に反応する、じっとしていられない等の過覚醒傾向を示したりする場合がある。これは、

先に述べた PTSD 症状（心的外傷後ストレス障害）の可能性があるので注意を要する。この他にも，さまざまな心理行動面での特徴的な問題のある症状を引き起こすものだと考えられている。いくつか例をあげると，①知的能力が劣っていたり，極端に痩せている，背が低かったりするといった精神・身体上の発達の遅れ，②力関係で人間関係を判断したり，誰に対してでも表面的な親密さを示す，あるいは誰とも親密な関係を築けないといった対人関係の障害，③些細なことで怒りが爆発し，暴力を振るったり，パニック状態になるなどといった強い怒り・攻撃性の傾向，および感情調整障害，④自己に対する価値観を見いだせないといった自己概念の障害，⑤大人の感情や欲求に非常に敏感に反応する，常に過度に良い子であろうとするといった偽成熟性，あるいは自己の意識の一部を切り離すことが日常的に生じ，自己の統合性が損なわれてしまうといった解離現象・障害等の人格発達の歪み，⑥学校に行けないといった不登校，家出や万引きを繰り返し行うといった非行等，非社会的および反社会的な問題行動などがあるとされる（大迫，2006）。

## ３　児童虐待のメカニズム

　児童虐待は，子どもと親を中心とする家族関係のなかにおいて，心理的，身体的，社会的，経済的な問題等々のさまざまな要因が複雑に絡み合って起こると考えられる。これまでに，その代表的な要因を明らかにするために数多くの調査研究がなされてきた。たとえば，生まれた子どもが未熟児であった場合には，虐待を受けるリスクが高まる，親が精神疾患を抱えている場合に虐待が起きやすい，あるいは失業などの経済的な問題があると虐待に結びつきやすいといったことなどが報告されている。これらは，虐待の代表例ではあるが，それぞれにおいて，主たる要因は異なっている。それについて，「子ども虐待対応の手引き」（厚生労働省，2005, pp.19-20）では，その要因を大きく３つに分類している。①親側のリスク要因，②子ども側のリスク要因，③養育環境のリスク要因の３つになる。実際の実務経験上でも，一般にはこの３つの要因を考慮することが有効であるため，大枠は，この分類にもとづきながら，さまざまな

調査の結果報告に加え，筆者の臨床経験も合わせて詳しくみていきたいと考える。

## (1) 親側のリスク要因

①**精神疾患や知的障害，アルコール・薬物依存など**　親が統合失調症を発病するなどして，妄想の影響などにより，家庭内での適切な養育ができない。場合によっては，子どもをほとんど学校に登校させないなどといった場合もある。また，親に知的障害があるために，子どもの発達水準に応じた声かけや対応ができない。たとえば，1歳の子どもに排泄の自立を過度に要求するような場合などである。また，知的能力の欠如から，言語での関わりが困難となり，子どもに暴力をたびたび振るうといったような場合もある。さらには，飲酒やシンナー，覚せい剤等により適切な養育ができない場合もある。

②**反社会的な人格や攻撃的・衝動的な性格**　親のなかには，窃盗や傷害等で逮捕されるなど反社会的な行動を繰り返している場合がある。そのような人格の持ち主の場合，暴力に対する親和性が強く，子どもに対して日常的に身体的虐待を加えていることもある。また，場合によっては，子どもを使って窃盗をさせるなどの非常に不適切な行為に及ぶこともある。

③**歪んだ育児感と過剰な期待**　過剰に子どもに期待し，それがかなわないと体罰を振るう，あるいは暴言を吐くといったケースもある。たとえば，学力に対する過剰な期待から，3歳の幼児に掛け算九九を教えようと執心し，それがかなわないと身体的な虐待を振るってしまうといったことである。また，極端な完ぺき主義の場合，子どもがもつゆれの部分を受容することができず，虐待に至ってしまうことも多い。また，子どもの発達の遅れなどに対して理解できず，混乱している場合もある。

④**育児不安やストレス**　育児に対する不安が高じて虐待を行ってしまう場合もある。たとえば，高学歴で仕事でのキャリアを積んだ後，主婦となった者に虐待が見られることがあるとされる（神庭，1994，pp.64-67）が，これは，マニュアル通りにはいかず，結果の出にくい育児において，誰にも評価されないといったことから，不安が生じて起こるものである。また，育児書などの情報

が過多でありすぎるために，どのようにすればよいのかがわからなくなり，ストレスを抱えてしまうこともある。

⑤産後うつ病　近年，特に注目されている。一般に，出産した女性の2,3割は，産後10日までにマタニティブルーズという一過性の気分の落ち込みを経験する。これは，出産に伴うホルモン分泌の乱れや心理的な不安などが原因と考えられているが，通常であれば，自然に回復する。しかしながら，産後10日を過ぎてもマタニティブルーズの症状が続いているか，症状が悪化していく場合には，産後うつ病である可能性が高い。特に，乳幼児健診に来ない母親の一定程度は，産後うつ病の状態にあるといわれ，最近では，保健師による産後の家庭訪問などにより，早期発見とその支援に動いている取り組みもある。

⑥親自身の未熟さ　若年で出産し，親としての自覚が育っていない場合が該当する。たとえば，16～18歳といった10代での妊娠・出産であり，子どもを養育する資質がほとんど育っていない場合である。婚姻関係が成立しておらず，場合によっては父親が誰であるかもわかっていないようなケースもある。子どもの養育よりも，自分自身の楽しみを追い求めてしまうため，育児を放棄して，遊び回っているような場合もある。

⑦望まぬ妊娠・出産　親にとって妊娠や出産を受容することができない場合である。前項の若年出産の場合と重なる場合もあるが，たとえば，不仲であった夫婦間での妊娠・出産となってしまい受容し難い，あるいは，夫婦間の問題はないものの自分の将来やキャリアにとって障害になると考えてしまうような場合である。

⑧被虐待経験　親自身が幼少期に虐待を受けて育つと，自分の子どもの養育において虐待を繰り返してしまう現象が知られている。このことを，虐待の世代間伝達と呼ぶ。この割合については，おおむね3割程度といわれている。実は，虐待という行為が，受けた者に及ぼす影響は，非常に大きいことが知られており，その者の身体的なものだけでなく，心理的面，情緒面から人格面に至るまでのさまざまな部分に影響を及ぼすと考えられている。たとえば，身体的虐待を受けて育つと，暴力に対する親和性が非常に強くなり，暴力的なしつけを繰り返してしまうことがある。また，自己評価が下がってしまうために，

自分の周囲で起こる出来事を自分の責任と感じて、子どもが泣きやまない場合に、子どもが自分を責めているかのようにとらえてしまう傾向もあるとされる（西澤，1994，p.67）。あるいは、ネグレクトを受けて育ち、十分な愛情を受ける事ができなかったことで、慢性的な寂しさや苛立ちを感じている場合には、自分の子育てにおいて、子どもに愛情を与えるという行為に直面した際に、親自身の課題が想起され、子どもに愛情を与えようとすると「この子だけ、愛情をもらってずるい」といったような嫉妬心が生まれ、結果として、非常に厳しくつらく当たってしまうということもある。

⑨**愛着形成の不足**　出産後の時期は、母子双方にとって重要な局面のひとつである。母親にとっては、出産とは胎内の赤ちゃんを喪失する体験でもあるが、その後に再び出会うことによって連続性を取り戻し、愛着を築いていくことになる。しかしながら、たとえば、出産後、子どもに、発達上の問題や病気、障害などがあり、長期に物理的な母子分離が必要となってしまう場合もある。そのような場合には、愛着の形成ができなくなってしまい、子どもに対する愛情がわいてこないといった状況が発生することもある。

## (2) 子ども側のリスク要因

①**未熟児，低体重出生児**　未熟児や低体重出生児の場合には、虐待のリスクが高まることが知られている（西澤，1994，p.20）。このような子どもは、健康上の不安なども大きく、通常の子どもと比べて、育児に多くの困難を伴うことになる。また、初期の長期入院の必要性などから、愛着の形成が困難になることもある。筆者の経験では、1000g未満で出生し成長していた子どもが、母親から虐待を受けていたケースもある。

②**周産期や乳児期の疾病がある子ども**　周産期や乳児期にかけて疾病がある子どもの場合は、やはり健康上の不安が大きく、親の心理的な負担を増すこととなり、それが虐待につながってしまうこともある。

③**障害をもった子ども**　知的障害や身体障害などがある子どもは、虐待を誘発しやすいという報告がある。ただし虐待環境が知的発達障害を引き起こしたり、身体障害を引き起こしたりしている可能性もあるので、その点は注意を

要する（西澤，1994，p.21）。

　**④多胎児**　双子，三つ子などの多胎児の場合も育児を困難にし，虐待を引き起こすリスクがあると考えられている。

　**⑤何らかの育てにくさをもった子ども**　以上あげた例は，健康上の明白な不安，疾病や障害等があり，当然育児の負担が増すケースである。しかしながら，これ以外にも，明らかな病気等はないが，育てにくい子どもが存在する。たとえば，何となく体重が増えない，発達が遅い，離乳食が進まない，落ち着きがない，機嫌の悪い時間が多い，夜泣きが続くなどといったケースである。このような場合について坂井聖二（1994，p.51）は，これらがより日常であるために，母親の育児の上手下手を問われかねず，よりストレスになると述べる。落ち着きがないために，母親のしつけが悪いと冷たい目線で見られたり，非難されたりすることがあるため，自分の責任ではないかと追い詰められた気持ちになってしまうことがある。

　**⑥乳児期から幼児期の子ども**　乳児期から幼児期の子どもは，非常に手がかかり，また大人とは認知構造が違っているため，親がそれを理解できない場合には，その時期にあるということがリスク要因になる。たとえば，2歳の子がウソをつく，盗み食いをするからといって虐待している母親がいたが，その時期の子どもの記憶能力の発達は未熟であり，少し前のことについても，ウソをついているわけではなく，つまり本当に忘れているために「知らない」といったりすることがあるのだが，それをウソをついているととらえて虐待となるケースがあった。

## (3) 養育環境のリスク要因

　**①家族（夫婦）関係の不安定さ**　具体的には，内縁者や同居人がいる家庭，子連れの再婚家庭，夫婦不和や配偶者からの暴力等不安定な状況にある家庭，などが含まれる。夫婦間にさまざまな問題や葛藤が存在する場合，その関係で生じた不満や怒りなどの感情が転移的に向けられるという事が考えられる（西澤，1994，p.59）。

　**②孤立・孤独**　具体的には，未婚を含む単身家庭，親族や地域，関係機関

（役所）とのつながりがない家庭，転居を繰り返す家庭，定期的な健康診査を受診しない家庭，など，孤立傾向のある家庭が含まれる。

　③**経済的な不安定さ**　ここには，失業を経験した家庭，転職の繰り返しをしている家庭，などが含まれる。

　養育環境のリスク要因を概観していくと以上のようになるが，これらには関連性があることも多い。たとえば，転職を繰り返す場合には，もともとその人自身の人間関係能力の不適切さがあり，それが仕事が長続きしない原因となっていることもある。その結果，経済的には困窮する。また，人間関係能力がないために，当然，地域でも孤立してしまうことになるのである。

## (4) **虐待が発生するメカニズムの総合的な理解と対応の問題**

　これまで，リスク要因を個々に見てきたが，現実問題としては，たとえば，子どもが未熟児であったとしても，親がそのことを受容し，混乱したり，自分を責めたりすることがなく，孤立することなく，適切な知識を求め，夫の協力が得られるなどすれば，虐待に至ることはない。あるいは，子どもが泣き止まないといったときに，その状況をどうとらえるかによって虐待に至るかどうかは大きく変化する。すなわち，これらはリスク要因とはなるが，そのこと自体が虐待を引き起こすものではないということである。虐待が生じるメカニズムを考える際には，重複の状況や，親の心理的・認知的側面，あるいは親子の関係性といったことを総合的に考慮して決定していくことが必要である。このように，さまざまなリスク要因をもとにして，かつ，それらの要因が複雑に絡み合って虐待は発生するのであり，そのための対策としては，決して，単純化するのは難しい面もあるが，大枠を示すと次のようになるだろう。親の心理・精神的な問題であれば親に対する心理的な悩みを解決していくカウンセリング等の心理治療，精神科治療対応，育児に対する知識不足から来る混乱などであれば，正しい知識等を教えていく心理教育的な対応，さらには，経済・社会的問題であれば，たとえば生活保護の受給といった社会資源の有効活用に結びつけるソーシャルワーク的な対応が有効であると思われる。つまり，虐待が発生している状況等を考慮して，それに応じた適切な対処をしていくことが求められ

る。その意味では、このように虐待のメカニズムを整理しておくことは有効でもある。

### (5) 虐待がエスカレートしていくメカニズム

ところで、一般的には、親の子育て不安や知識不足などから、虐待状況が発生したものの、カウンセリングを行ったり、心理教育を差し伸べる等の適切なサポートが与えられたりすることで、状況が好転することが多い。このような場合は、親が自分の問題をとらえ、意見を受け入れることができたということで、もともと比較的、健康度が高かったといえるだろう。しかしながら、対応等が有効に働かず、虐待がエスカレートしていく場合もある。最後にそのことについてふれておきたい。

筆者は児童自立支援施設の児童自立支援専門員として勤務していたが、施設には非行傾向のある児童が入所しており、そのほとんどのケースの背景に、児童虐待が認められた（大迫，1998）。非行と虐待との関連性については、児童自立支援施設に入所している子どもの調査や少年院在院者に対する調査などですでに明らかになってきているが、家庭裁判所で扱う事件においても児童虐待が問題となっている場合が存在する。そこで、家庭裁判所においても、そのような事件を取り上げて、特に虐待が深刻化する背景および原因等について調査し、児童虐待への適切な対応の充実等に寄与するために、実証的な研究が行われている（家庭裁判所調査官研修所，2003）。この研究では深刻な児童虐待が問題となっている40件の家事事件および少年事件を取り上げて検討がなされたが、その結果からは、この虐待が深刻化するメカニズムについて、主として①虐待を認めない心理、②虐待の悪循環といった視点からとらえている。筆者の経験的にも、比較的適切な見解だと思われたので、簡潔に、内容を紹介しながらコメントを加えていきたい。

それによると、重篤な虐待が家庭内で続いている場合に発生する典型例としては、親はしつけだと言い張り、虐待行為を繰り返す。子どもは、親から逃れることはできないため、過剰に適応し、自分を押し殺して生活をしようとする。このことにより親は自分の行為が正当だと誤解する。しかしながら、元来親の

要求は子どもにとって無理なものであるため，応え切れないことになる。その結果，親は子どもが自分に従わないと受け止めて，さらに激しい虐待を加える。これに耐えていた子どもは，それから逃れるために家出を行うようになる。筆者の経験では，大体小学校2～4年生位から家出が始まるようである。これは子どもにとっては，虐待から逃れるための適応行動である。また，親の気を引こうとするサインであったりもする。しかしながら，子どもの行動の本当の意味を理解する事ができない親は，反社会的行動であると決め付け，また適切な言葉による声かけによる対応などもできないために激しい体罰で対応する。その結果，家出，さらにはそれに伴う万引きや不良交友などが深化し，悪循環が進んでいくというものである。その場合には，虐待を逃れるという被害者としての立場から，加害者の立場へと逆転していってしまうことになる。そのなかで，親にとっては，そもそも虐待を認めたくない心理が強いため，関係機関や地域からも，ますます孤立し，深刻化してしまうというものである。元来，虐待を認めたくない心理には，自尊心が低く他者から非難されることに過敏であることや，虐待を受けて育った自分はなぜ助けてもらえず，親としての私だけが虐待扱いされるのかといった心理が働いていることがある。このようにして，虐待が深刻化していくと考えられる。その対処としては，援助を受け付けないだけに難しい面もあるが，ひとつの例としては，アメリカなどで行われている裁判所の命令による親業訓練への参加などを実施し，そのような枠組みに強制的に乗せたうえで，親自身が虐待を認めることで感じる敗北感や罪悪感などのマイナスの感情を丁寧に取り扱い，サポートしていく事が考えられる。そのような方法によって，虐待の深刻化を防ぐことが一定程度は，可能となるかもしれない。

　以上，本章では虐待のメカニズムについて触れてきたが，虐待の発生にはさまざまなリスク要因がある。それらに対して，社会が支援の手を差し伸べることが重要だと思われるが，あわせて，当事者となったときに孤立しないで済むような健全な人格形成を支えていく心理教育のあり方などが求められているのである。

## 考えてみよう

① 児童虐待の処理件数が増加している背景，あるいは，虐待の発生するリスク要因やメカニズムについて，各自でさらに検討してみよう。

② 最近の子どもたちに見られるさまざまな問題行動の原因として，児童虐待（あるいはそれに近い関わり方）がどのような影響を及ぼしているのかについて，各自でさらに検討してみよう。

③ 児童虐待について理解したうえで，私たちには社会の一員として，どのような対応が求められるのかについて，予防，介入，介入後の援助といった各段階を踏まえながら，各自の意見をまとめてみよう。

【注】

1 「トラウマ」という言葉は，日本語では「心的外傷」と訳される。この言葉は，単純な深い心の傷を意味するものとして使われているわけではない。たとえば，我々は，日常生活において，心が傷つく，心に傷を負うといった体験をすることがあるが，多くの場合は，我々の対処能力の範囲内にあるため，それは時間とともに癒えて，消えていく。しかしながら，仮に，自己の生命や存在を脅かすような，対処能力をはるかに越えた出来事に遭遇した場合には，その心の傷が，しこりとしてずっと残ると考えられ，そのために，治療を必要とするような不眠，恐怖，無気力等のさまざまな精神的症状がでてくると考えられている。このような，対処能力を超えたできごとにより生じる心の傷のことを「トラウマ（心的外傷）」と呼ぶ。

2 具体的には，身体的虐待とは，児童の身体に外傷が生じ，または生じるおそれのある暴行を加えること，性的虐待とは，児童にわいせつな行為をすることまたは児童をしてわいせつな行為をさせること，ネグレクトとは，児童の心身の正常な発達を妨げるようないちじるしい減食または長時間の放置，保護者以外の同居人による身体的，性的な虐待にあたる行為の放置，その他，保護者としての監護をいちじるしく怠ること，心理的虐待とは，児童に対するいちじるしい暴言またはいちじるしく拒絶的な反応，児童が同居する家庭における配偶者に対する暴力その他の児童にいちじるしい心理的外傷を与える言動を行うことである。なお，児童虐待の種類は，身体的虐待，心理的虐待，性的虐待，ネグレクトの4種類に分けられると述べたが，これらのタイプの虐待分類は，便宜的なものであり，異なるタイプの虐待が重複して起こることもありうると考えられる。

3 トラウマ（心的外傷）によって引き起こされる不眠，恐怖，無気力等のさまざまな精神的症状が精神医学における一定の基準を満たすと，PTSD（心的外傷後ストレス障害）と診断される。

【引用参考文献】

池田由子，1979，『児童虐待の病理と臨床』金剛出版．
大迫秀樹，1998，「非行小学生の特徴とその背景―教護院入所児童を対象に―」『犯罪心理学研究』36（2）．
大迫秀樹，2006，「児童虐待の現状とその影響および対処」住田正樹・多賀太編著『子どもへの現代的視点』北樹出版．
家庭裁判所調査官研修所，2003，「児童虐待が問題となる家庭事件の実証的研究」司法協会．
神庭靖子，1994，「早期母子関係」斉藤学編『児童虐待（危機介入編）』金剛出版．
厚生労働省，2005，『子ども虐待対応の手引き』有斐閣．
厚生労働省，2008，「平成19年度社会福祉行政業務報告（福祉行政報告例）結果の概況」（http://www.mhlw.go.jp/toukei/saikin/hw/gyousei/07/kekka8.html）
坂井聖二，1994，「小児科領域から見た児童虐待」斉藤学編『児童虐待（危機介入編）』金剛出版．
西澤哲，1994，『子どもの虐待―子どもと家族への治療的アプローチ―』誠信書房．
西澤哲，1997，『子どもの虐待と被虐待児への臨床心理的アプローチ』子どもの虐待防止センター．
Kempe, C.H., Silverman, F.N., Steele, B.F. et al., 1962, The battered child syndrome. *Journal of American Medical Association*, 181.

# 第7章 ひとり親家族の子どもたち

渡辺 一弘

## 1 ひとり親家族の子どもたちの現状

### (1) ひとり親家族の子どもたちとは

　<u>母子家庭の子どもの特徴は，やはり甘えたがりなところ</u>だと思います。母親が働いているので，子どもと一緒に過ごす時間が少なく，一緒の時は，凄く甘えてきます。それに，母親が父親の役割も果たさなければならないけど，うちの場合，男の子なので，特にお母さんが怒っても，お父さんが怒るようにはいかないので，子どもがなめてしまって，余計，子どもが甘えてくるような気がします。

（下線は引用者以下同様）。

　上の事例は，地方都市の20代のシングル・マザー[*1]に，母子家庭とその子どもに関する聞き取りをした内容である[*2]。ひとり親家族といった場合，われわれは，一般に母子家庭を連想する場合が多いと思われる。厚生労働省の統計においても，母子家庭の割合は，おおよそ父子家庭の割合の5倍以上である[*3]。また，この事例のように，母子家庭の子どもたちは，甘えたがりや淋しがりやの特徴がある，とのことだが，実際のところどうなのだろうか。

　この章では，まずひとり親家族の子どもたちの現状と問題点を整理したうえで，ひとり親の影響と父親・母親の役割を改めて検討し，最後にひとり親家族の子育てと課題を示す。

　さて，最初に「ひとり親家族」といった場合，一般に母子家庭を連想する場合が多いと思われる，と書いたが，ここで改めて「ひとり親家族」を大まかに

分類してみると、以下のようになる。
　① 離婚による母子家庭（父親と別居も含む）
　② 死別による母子家庭
　③ 離婚による父子家庭（母親と別居も含む）
　④ 死別による父子家庭

　本章では、最も数が多いと思われる①の子どもたちを中心に論じていく。離婚による母子家庭の子どもたちの特徴としては、これまで以下のような指摘がなされてきた。第4章「父親の不在」でもみたように、たとえば、リンは、離婚による父親不在が子どもの適応上の問題と関係しており、死別による父親不在の場合より重大な影響をもたらすことを示唆する研究が多いことを紹介している（リン、1981、p.404）。また、父親がいない子どもには、攻撃的な行動がたびたび見られる、という指摘もある（桂他編、1981、pp.55-56）。具体的には、当然考えられる「両親が揃っている場合と比べてのマイナス面として、子どもが潜在的に寂しさを抱いている」（斉藤、1987、p.132）ことであり、「母親を批判し、反抗的な態度を取る」（岡野編、2000、p.40）こと等であろう。これらのことは、子どもの性別、離婚時の子どもの年齢、離婚してからの時間の長さによって、いくらかの違いはあるだろうが、離婚による母子家庭の子どもたちの特徴として、一般的に認識されていると考えていいだろう。筆者の幼稚園園長に対する面接聴取調査[*4]（2009年4月）においても、園長はこれまで接してきた、離婚による母子家庭の子どもたち（園児たち）の特徴として、主に以下の3点をあげた。
　① 甘えたがり、寂しがりの子どもが多い
　② 自分をアピールしたり、表現したがり、それが時に攻撃的になる
　③ 参観日や遠足といったイベントの時に、異常に元気になる
　これからみても世間の一般的な認識とほぼ同じであることがわかる。
　なお園長によると、これまでの在園した園児の例も踏まえて、園長が勤務している幼稚園の「ひとり親家族」のほぼ100％が「母子家庭」であり、同様にほぼ100％が「離婚による母子家庭」であるとのことである[*5]。
　次に、上記のように母子家庭に比べてかなり数が少ないと思われる父子家庭

においては，その中心であろう，先に示した「③ 離婚による父子家庭（母親と別居も含む）」の場合を論じる。父子家庭の場合，その子どもたちの特徴以前に，父子家庭の実態自体がなかなか見えてこないのが現状であろう。当然，母子家庭と同様に，「甘えたがり」や「淋しがり」といった点も考えられるだろう。それでも，あえて離婚による父子家庭の子どもたちの特徴として推察するならば，「母子家庭の子ども以上に家事労働のしわよせがくること」「父親の帰宅時間の長さによる父子間のコミュニケーション不足」などが及ぼす情緒的な影響が考えられる（田辺他編，1991，pp.31-33）。筆者が行った保育園関係者に対する聴取調査[*6]においても（2010年5月），離婚による父子家庭の子どもたち（園児たち）の特徴として，以下の2点があげられた。

① 暴食・ぐずり泣き・かみつき・執着など情緒不安定な子どもが多い
② 自分自身を慰める「指すい」行為をする子どもが見られる

これからみても，子どもの心の不安定さが，父子家庭の子どもの場合，母子家庭の子ども以上に強いことが推察される。

それでは，ここにあげた母子家庭と父子家庭の子どもたちの大まかな特徴から，母子家庭と父子家庭の子どもたちの問題点について次の項で検討してみよう。

## (2) 母子家庭・父子家庭の子どもたちの問題点

母子家庭の子どもたちの問題点を考える場合，先に示した子どもたちの特徴である「甘えたがり」「寂しがり」「攻撃的」といった点を，もう少し詳しくとらえることが必要であろう。

まず，「甘えたがり」「寂しがり」であるという点はどうであろう。当然，親の離婚による直接的な影響である。ただ，母子家庭の子どもの場合に限らず，一般的な子育て論として，子どもに対して，どの程度厳しくすべきかという問題はよく出てくる。『スポック博士の育児書』で有名なスポックは，その関連書で以下のように指摘している。

なぜ，これほどこの問題について多くの論争が行われてきたのか，考えてみると，

べつにこの点に関して，しつけや教育の理論が，諸説あって混迷を極めているからというわけではないようです。ことはもっと簡単で，大人たちが，かつて自分の親に厳しくしつけられた経験を思い出し，再び自分の子どもたちにそういう経験を思い出し，再び自分の子どもたちにそういう経験を味あわせることになるのかと，なかばためらい，なかば苦悶することになるからというのが真相のようです。（中略）
　<u>私は，しつけの厳しさの程度について，それほどむずかしく考えていません。現実の場の中で，適度に厳しく，適度に甘くというのが最良のようで，その使い分けはさほどむずかしくないはずです。</u>（後略）　　（スポック，1979，pp.66-68）。

　母子家庭の子どもの場合でも，基本的な子育てのスタンスは，スポックの主張でかまわないと思われる。なぜならば，先に触れたように，母子家庭の子どもといってもその状況はさまざまであり，特に離婚前の父親と子どもとの関係によって大きく左右されるからである。むしろ子どもに対して，「母子家庭の子どもだから……」というような，レッテルを貼ったとらえ方をいつもしてしまうことが問題であり，その結果，母親が子どもたちに対して柔軟な態度を取れない状況が生じる危険性があると思われるからである。
　次に「攻撃的」であるという点はどうであろう。先に紹介した，筆者が聴取調査を実施した私立幼稚園の園長は，母子家庭の子どもの特徴の②③について，以下のように補足している。

　　<u>結局，普段母親が忙しいので，その分，母親にかまって欲しいという気持ちが強すぎて，それがややもすると攻撃的な行動になったり，異常に元気な態度として表れるのでしょうかね。</u>

　桂たちは，父親がいない子どもの攻撃的な行動について，以下の仮説を紹介している。

　　小学校五年生の男子に人形遊びをさせて，どのくらい攻撃行動が出現するかをみた実験によれば，<u>父親と生別した子どもの方が死別した子どもより攻撃的であり，父親を失った時期が最近であるほど攻撃的であった</u>という」（桂他編，1981，pp.55-56）。

第7章　ひとり親家族の子どもたち

母子家庭の子どもの攻撃的な行動，特に離婚した子どもがよりその攻撃性が強い，というこれらの指摘は，父親がいない直接的な大きな影響であり，子どもの発達においても当然影響を与えると思われる。
　一方，父子家庭の子どもたちの問題点を考える場合，先に触れたが，まず，父子家庭の実態自体を把握する必要があるだろう。というのも父子家庭の実態自体，まだまだ一般的に知られていないからである。その理由として，父子家庭が母子家庭より数がかなり少ないことと，その増加率も父子家庭の方が低く，社会において，「ひとり親家族」≒「母子家庭」と取り上げられる傾向が強いからであろう[*7]。だから，そのようななかで，先に示した「情緒不安定な子どもが多い」というような子どもたちの特徴を，私たちは父子家庭の実態をきちんと把握したうえで改めて考える必要がある。
　父子家庭の子どもの問題点は，特に離婚家庭の場合，母子家庭以上に，「子どもの心の不安定さ」であると思われる。筆者が行った聴取調査でも，私立保育園関係者は，以下のように指摘していた（2010年5月実施）。

　　小さい子どもの場合，お母さんに捨てられた，という思いが強いので，そのぶん父親に相当甘えたり，大人の目を意識しすぎたり，何かに執着したりするのだと思います。

　また，「家事」や「近所付き合い」といった，一般に母親が行う場合が多い行為が，母親が不在でかつ父親が仕事の関係で行うことが困難な場合，特に子どもが女の子の場合，それが子どものストレスになるという指摘もある（田辺他，1991，pp.31-32）。
　これらの点から，父親だからできること・母親だからできることとは何か，そして父親がいない場合・母親がいない場合，それをどのようにするのかを考える必要があるだろう。これらの点を踏まえて，次の節では，「ひとり親の影響と父親・母親の役割」について検討する。

## 2 ひとり親の影響と父親・母親の役割

### (1) ひとり親の影響

　それでは，ひとり親の影響とは一体どのようなものであろう。たとえば，厚生労働省の調査によれば（厚生労働省，1998），「離婚により生じた悩み」として，親権者が女性・男性の場合，上位3つ（複数回答）にはそれぞれ以下のような項目があげられている。

〈女性〉
　① 経済的なこと（73.0％）
　② 子どものこと（66.8％）
　③ 仕事と子育ての両立のこと（43.5％）

〈男性〉
　① 子どものこと（69.6％）
　② 仕事と子育ての両立のこと（49.4％）
　③ 家事のこと（42.6％）

　母親・父親とも子どもに関する悩みが3分の2以上を占めてはいるが，母親は経済的な悩みが7割以上とトップであるのに対し，父親は家事の悩みが4割以上を占めていて，離婚による母子家庭・父子家庭の状況の一般的な認識に合致していることがわかる。

　次に，「子どもに関する悩み」として，親権者が女性・男性の場合，上位3つ（複数回答）はそれぞれ以下のようになる。

〈女性〉
　① 情緒面の問題（43.5％）
　② 接する時間が少ないこと（42.1％）
　③ 進学や就職のこと（28.0％）

〈男性〉
　① 接する時間が少ないこと（47.4％）
　② 情緒面の問題（40.2％）

③ 進学や就職のこと（28.6％），勉強のこと（28.6％）

　父親の方が母親よりも，子どもと接する時間が少ないことを悩んでいる割合が多いことがわかる。

　これらを裏付けるものとして，最初に紹介したシングル・マザーは，以下のように指摘している[*8]。

　　父親がいない影響は，いろいろありますが，何と言っても大きいのは，子どもが病気の時大変なのと，経済的に大変なことです。それに自分の子どもは男の子で，特に男の子にとって父親は特別な存在なので，私が二役するのは大変です。

　同様に，シングル・ファーザーの特徴としても，以下のような指摘がある（2010年5月，私立B保育園関係者）。

　　普段，仕事が忙しいので，休みの日は必ず子どもをどこかへ連れて行き，子どものケアをしているような父親は多いですよ。

　これらの点から，母子家庭の場合，子どもたちへの影響として，主に経済的な影響と精神的な影響の2つが大きいこと，これに対して，父子家庭の場合，時間的な影響と精神的な影響の2つが大きいことがわかる。母子家庭の場合の経済的な影響は，一般に離婚により父親の収入を失う場合が多いこと，父子家庭の場合の時間的な影響は，父親の労働環境から容易に想像できるが，母子家庭・父子家庭に共通する精神的な影響とは具体的にはどのようなことであろうか。

　この精神的な影響を，父親・母親の役割という点から次の項で検討してみよう。

## (2) 父親・母親の役割

　一般的に「父親の役割」といった場合，われわれはどのようなことを想像するだろうか。父親しかできないこと，父親の威厳，といった昔からいわれてきたオーソドックスな父親像に関するものであろうか。それとも，父親でも母親でもできることだが，父親がその役割を担うことが，より効果的と思えること

であろうか。たとえば，桂は父親の役割として，以下の4点を指摘している（桂，1981，pp.19-21）。
① 男性としてのモデルになるということ
② 父親は家族という集団全体の統率者であること
③ 職業＝社会人としての父親の役割があること
④ 父親は，上記の①から③の役割の総合として，子どもにとって権威についての原体験であること。

つまり，男性と女性の社会的な役割を理解させ，一家の"大黒柱"たる働く父親の威厳を認識させることが，父親の役割である，と説明している。この考え方は，従来のオーソドックスな父親像と考えていいだろう。

これに対して，近年の日本の「父親役割」に関する調査・研究においては，家庭や育児に対しての父親の積極的な関わりが強く意識されていること，しかし実際には，父親が子どもと関わる時間が母親と比べてかなり短いこと，そしてそれは国際的に見ても非常に少ないことが指摘されている（多賀，2005）。つまり，伝統的な日本の父親役割から，家庭内や育児に関する，従来，母親役割が中心であると考えられてきた役割の分担志向が強まってはいるが，実際の状況としては達成されていないということである。

母子家庭の場合，従来の伝統的な父親役割を母親がもう一役担うか，その役割を誰か（たとえば，祖父・伯父・叔父等）に代替してもらうか，それとも近年の分担型志向の父親役割を意識した役割を担うかの，大まかに3つに分けられる。事例に示したシングル・マザーの場合，祖父（自分の父親）の協力はあるが，自分は普通の父親役割を果たしたいが，実際には難しい，と語っている（2009年5月，母子家庭の母親調査）。彼女がいうところの「普通の父親役割」とは，「伝統的な父親役割」とほぼ合致している。そして，このような状況にあるシングル・マザーは少なからず存在すると推察される。筆者が面接調査を行った先の幼稚園園長も，以下のように語っている（2009年4月，私立幼稚園園長への面接調査）。

母子家庭の子どもは，経済的に苦しくても，逆にお稽古ごと，例えばピアノや

習字などを習っている子どもも意外と多いですよ。母親が働いている間，単純に，子どもを一人の状態にしない，寂しくないようにさせたい，という思いもあるのでしょうが，よくしつけられているというか，子どもをきちんとさせたいという母親の意識が特に強いのでしょう。幼稚園への提出書類やお金の支払いなども期限内にきちんとされている方が多いです。気が張っているというか，お父さんの分まで頑張るお母さんは多いですよ。

　多賀太が指摘している近年の家庭における，両親の分担型役割志向に対して，シングル・マザーの父親役割代替志向をどう考えればいいのであろうか。
　次に，「母親の役割」といった場合，どうであろうか。まず，容易に想像しうるのは，先に示した伝統的な父親像に対応する，やさしい母親，家事や子育てに専念する専業主婦，家族をまとめる存在，といったイメージであろう。このようなとらえ方は，戦前から戦後，高度経済成長期を過ぎても主流であり，変化が見られるようになったのは，男女雇用機会均等法成立後の80年代後半以降だと思われる。『主婦の友』を資料として，母親像の推移を検討した深谷も，80年代に入ってから同誌において，専門家以外からの多様な母親像が提示されるようになり，90年以降，「長く重要な価値であった主婦として，母親であることを優先する生き方から，女性の個人としての生き方を尊重し，母親であることは女性の役割の一つにしか過ぎないとみなすようになる」と母親像が拡散してきたことを指摘している（深谷，1999）。
　それゆえ，父子家庭の場合，先に示した母子家庭の場合に対応して考えるならば，従来の伝統的な母親役割を父親がもう一役担うか，その役割を誰か（たとえば，祖母・伯母・叔母等）に代替してもらうかの主に2つに分けられる。聞き取り調査で示されたシングル・ファーザーの場合，仕事の関係で，普段の生活においては祖母（自分の母親）の協力が不可欠であり，母親役割自体には特に言及はないが，子どもが通っている保育園の活動等に対しては，とても協力的でかつ一生懸命である，とのことである（2010年5月，私立保育園園長への面接調査）。
　これらを踏まえて，次の節で，シングル・マザーとシングル・ファーザーの「子育てのあり方と課題」を検討してみよう。

## 3 ひとり親家族の子育てと課題

### (1) ひとり親家族の子育てのあり方

　シングル・マザーの子育てのあり方といった場合，前節で示したように，母親が父親の役割も兼ねるべきなのか，それともシングル・マザー独自ともいえるような子育てのあり方を模索すべきであろうか。

　斉藤は，母子家庭[*9]での子育てのポイントを，以下の5点にまとめて説明している（斉藤，1987，pp.132-133）。

① ある程度は，父親の役割も果たすようにしよう
② 絶対に甘やかさないようにしたい
③ 子どもを放任するな
④ 母親も早く子離れするように努力しなければいけない
⑤ 経済問題は，親子で解決すること

　これら5つに加えて，補足的に「父親代わりをしてくれる人（別に男性でなくてもいい）をつくってやろう」という提言もしている。斉藤の説明は，ある意味，理想的過ぎるかもしれないが，これまで本章で触れてきた部分についても考慮されているものである。ただ⑤については，

　　母子家庭にどうしてもつきまとってくるのが，経済的な問題だ。離婚家庭ならそれでも父親からの養育費が期待できるが，死別，未婚の母となるとそれも期待できない。
　　冷たい言い方かもしれないが，こうした経済的な問題は，当事者が解決するしかないというべきだろう。（後略）

と主張しているが，先に示した厚生労働省が行った調査（1998年）によると，親権者が女性の場合，養育費等を「取得していない」割合は68.1％に達している。また2000年に発表された民間の離婚男女のネットワーク「カラットクラブ」の会員を中心とした，離婚経験者の生活実態のアンケート調査においても，離婚時に慰謝料，財産分与，養育費等が「まったく支払われない・無回答」（＊回

答者は女性のみで複数回答を含む）の割合が21.7％にとどまっており（岡野編，2000，pp.64-65）[*10]。現状では，父親からの養育費等の支払いも厳しい状況にあることは明らかであり，経済問題については，当事者だけでは「いかんともしがたい」といえるだろう。

　結局のところ，当事者だけでは「いかんともしがたい」経済問題は，当事者以外の力を借りて，子育て自体は，シングル・マザーの子どもたちの特徴や問題点が顕在化しないような方向性への努力が必要であろう。

　これに対して，シングル・ファーザーの子育てのあり方といった場合はどうであろう。同様に，父親が母親の役割も兼ねるべきなのか，それともシングル・ファーザー独自ともいえるような子育てのあり方を模索すべきであろうか。シングル・ファーザーに限定してはいないが，父子家庭における教育面での負の要因としては，以下の3点の指摘がある（田辺他，1991，pp.232-233）。

① 家事において子どもに多大な負担がかかる
② 子どもとの接触が少ない
③ 近隣のつきあいの減少，学校との連絡が希薄

　これらの指摘は，先に示した聞き取り調査の内容と合致する。つまり，①，②，③を克服するために，それぞれ，祖母の協力を得たり，休日に子どもをどこかへ連れて行ったり，保育園の活動等に一生懸命になる，ということである。

　しかし，協力してくれる祖母等が居ない場合，仕事が忙しく，休日もなかなか子どもと接触する時間が取れなかったり，地域や子どもの学校や保育園等との付き合いや，行事等への参加が困難な場合，どうすればいいのであろうか。

　これら，シングル・マザーとシングル・ファーザーの子育てにおける問題点に対して，具体的にどのような努力が必要であろうか。

## (2) 子育ての課題

　最後に，シングル・マザーとシングル・ファーザーの子育てへの具体的な課題を，以下に示しておこう。シングル・マザーについては，

① 母子家庭という家族形態を肯定的にとらえること
② 新たなネットワーク作り

③ 経済的な支援体制の構築

まず①については,「母子家庭」という家族形態を否定的にとらえて,父親の役割を母親が担うという考え方から,近年の家庭や育児の分担型志向の父親役割を踏まえて,シングル・マザーも新たな家族形態のひとつとしてそろそろ肯定的にとらえてもいいのではなかろうか。

次に,②についてだが,現在シングル・マザー同士の潜在的な再婚希望を基にした合コンネットワークや,お互いの日々の生活の苦しさ・厳しさの発散を目的とした飲み会のネットワークは存在するが,子育て支援に特化したネットワークは意外に少ないように思われる。その理由としては,時間的かつ経済的に制約されるからであろう。この問題を,ボランティア等の支援の下,新たなネットワーク作りとして,検討してはどうであろうか。

最後に,③についてだが,②に関連して,経済的な支援対策として,各地方公共団体の協力の下,行政サイドの男女共同参画の立場から,シングル・マザーを対象とした経済的な支援体制の構築を検討してはどうであろうか。

これらの提言を実践するには,土台としての費用の問題,マンパワーの問題が不可欠であるが,昨今の経済状況から鑑み,早急な取り組みが必要であることだけは確かである。

シングル・ファーザーについては,以下に2点示しておく。

① 父子家庭を認知させるべく行政への働きかけ
② 基本的なネットワーク作り

まず①についてだが,「父子家庭」という家族形態自体を世間一般に認知させる必要がある。民主党の政権政策マニフェストにおいて,これまで母子家庭しか受け取ることができなかった児童扶養手当が,やっと父子家庭にも支給される見通しになった[*11]が,それでも父子家庭に対する世間一般の認知度は低いと思われる。たとえば,ホームページの父子家庭応援サイトでは,「以前,NHKで父子家庭特集をしたときに『男なんだから女々しいことをいわないで自力で頑張れ』という反響が大きかったらしい。母子と違って自分で頑張れといわれてしまう社会だからね。などということを言われました」などの書き込みがあり[*12],まずは父子家庭の状況を世間一般にきちんと認知させるべく行

政への働きかけと，行政自体の取り組みが必要である。

次に，これに関連して②の父子家庭の基本的なネットワーク作りが必要である。そもそも母子家庭のネットワークが，その発端としては，戦争未亡人の暮らしを守るために，第二次世界大戦後から全国的な規模で活動を展開していったのに対し，父子家庭のネットワークは，やっと70年代後半頃から，ほんのわずかな，いくつかの先進的な地域おける福祉活動としてほそぼそと展開していった（田辺他編，1991，pp.229-230）。現在も母子家庭に比べて，全国規模のネットワークや支援団体は圧倒的に少ない状況にある。たとえば，母子家庭のみが対象の制度となる「母子福祉資金貸付金」の父子家庭への対象拡大や，母子家庭の支援団体と父子家庭の支援団体の連携を模索している，2009年11月に結成された「全国父子家庭支援連絡会」の取り組み[*13]等は，今後の父子家庭のネットワーク作りに大きな影響を与えるだろう。

---

**考えてみよう**

① ひとり親家族の子どもたちの特徴は，実際にどのようなものであるか，考えてみよう。

② シングル・マザーとシングル・ファーザーの子どもの違いはどのようなものであるか，考えてみよう。

③ あなたが実際に一人で子どもを育てるとしたら，どのような子どもに育てていきたいと考えるか。

---

【注】

1　和製英語であるシングル・マザーは，「未婚の母，あるいは離婚して子どもを引き取った女性」を指す（読売新聞校閲部　2002，p.162）。この事例は後者である。なお，この言葉の対義語として，本章ではシングル・ファーザーを「離婚して子どもを引き取った男性」として定義する。

2　2009年5月に実施した青森県八戸市における母子家庭の母親に対する面接聴取調査より。

3　たとえば，平成16年の「父母の有無・同居別にみた世帯の状況」の表において，

全世帯における母子家庭（父がいない，母と同居）と父子家庭（母がいない，父と同居）の世帯構成割合は，6.8：1.2である（厚生労働省HP「厚生労働統計一覧」http://www.mhlw.go.jp/toukei/itiran/index.html，平成16年度全国家庭児童調査結果より）．

4　2009年4月に実施した青森県八戸市の私立A幼稚園園長に対する面接聴取調査より．

5　この割合は，あくまで東北の一地方都市の私立幼稚園の事例なので，母子家庭，離婚家庭の割合が，全国的な割合とは少し異なると考えられる．

6　2010年5月に実施した大分市の私立B保育園関係者に対する面接聴取調査より．

7　1970〜95年の家族類型別割合で，母子家庭が4.9％→6.0％であるのに対して，父子家庭は0.8％→1.1％である（四方編，1999，pp.212-214）．また，子どもの福祉対策に関する章において，母子家庭の項目はあっても，父子家庭の項目はなく，数行だけ触れられている場合も見られる（濱野・網野，1995）．

8　内容の一部が最初の引用と重複するのは，母親が証言において，同じ内容を繰り返し，強調した部分があるためである．

9　斉藤は，「母子家庭―物理的不在その五」という項目で，母子家庭での子育てのポイントを説明している．ここでは，「母子家庭」の定義には言及していないが，本文中には離婚という記述が数ヶ所あり，明らかに「離婚による母子家庭」を想定していると考えられる．

10　回答者の平均年齢は女性38歳，男性44歳（男性の比率は全体の18％）．離婚経過年数は4〜5年で，結婚していた年数は約8年である．また子どもを養育しているのは約61％であり，女性の半数以上が，子どもを抱えて生活している（岡野編，2000，pp.64-65）．

11　民主党のマニフェストにおいて，「ひとり親家庭への自立支援策の拡充」の具体策の一つとして，「母子家庭と同様に，父子家庭にも児童扶養手当を支給する」ことが明記されている．

12　HP「シングルパパライフ〜父子家庭応援サイト」http://fushi.bakufu.org/genjo1.htm より．

13　大分合同新聞・夕刊・社会面　2010年5月10日，【旬の人】「全国父子家庭支援連絡会」代表，片山知行さん．

【引用参考文献】

岡野あつこ編，2000，『離婚―その後』恒友出版．

桂広介，1976，「子どもと父親」『子どもと父親・母親〈児童心理選集2〉』長島貞夫編，金子書房．
桂広介・長島貞夫・真仁田昭・原野弘太郎編，1981，『父親の役割 家庭教育選集第5巻』金子書房．
厚生労働省，1998，「平成9年度人口動態社会経済面接調査『離婚家庭の子ども』」
厚生労働省HP「厚生労働統計一覧」http://www.mhlw.go.jp/toukei/itiran/index.html
斉藤茂太，1987，『父親不在シンドローム』読売新聞社．
四方壽雄編，1999，『家族の崩壊』ミネルヴァ書房．
スポック，B.，1979，『スポック博士の父親学—父性不在の時代に贈る父親版"育児書"』(池上千寿子訳) ごま書房 (原著，1973-75)．
多賀太，2005，「性別役割分業が否定される中での父親役割」『フォーラム現代社会学』第4号，関西社会学会．
田辺敦子・富田恵子・萩原康生，1991，『ひとり親家庭の子どもたち—その実態とソーシャル・サポート・ネットワークを求めて』川島書店．
西文彦・菅まり，2007，「シングル・マザーとシングル・ファーザーの比較分析その1」『統計』財団法人日本統計協会．
濱野一郎・網野武博，1995，『シリーズ【家族】②子どもと家族—21世紀，日本社会に生きる子ども—』中央法規出版．
深谷野亜，1999，「母親像の変容に関する史的考察—『主婦の友』誌を事例として」『子ども社会研究』5号，日本子ども社会学会編，pp.69-82．
ベンソン，L.，1973，『父親の社会学』(萩原元昭訳) 協同出版社 (原著，1968)．
民主党HP「マニフェスト／政策集」http://www.dpj.or.jp/policy/manifesto/index.html
読売新聞校閲部，2002，『新聞カタカナ語辞典 人名，商品名収録』中央公論新社．
リン，D.B.，1981，『父親—その役割と発達』(今泉信人・黒川正流・生和秀敏・浜名外喜男・吉森護訳) 北大路書房 (原著，1978)．

# 第8章 子どもにとっての離婚

杉谷 修一

## 1 離婚の動向──日本は離婚大国か──

　日本における離婚は欧米並みに増加しているというのが一般のイメージであろう。確かに日本の普通離婚率（人口千人あたりの，1年間の離婚件数）をみてみると，戦後しばらくは緩やかに低下するが1960年代以降増加傾向となる。それでも1990年代半ばまでは1.60を超えることのない水準で推移し，世界的にみれば低離婚国のひとつであった[*1]。しかしその後も離婚率は上昇を続け2002年には2.30というピークを迎える。この数字はアメリカやロシアといった高離婚国には及ばないが，ヨーロッパ諸国ではイタリアやスペインといった離婚しにくい国を大きく上回り，上位グループに迫るものであった（図8-1）。

　2002年以降の離婚率は低下傾向にあり，2007年には2.02，2008年には1.99と10年前の水準に近づいた。これは近年の統計ではヨーロッパのなかでは下位グループに相当する（総務省，2009）。

　長らく増え続けていた離婚が減少に転じた理由として，2007年度から開始された離婚時の厚生年金分割制度をにらんで，いわゆる「熟年離婚」希望者が離婚を控えているためであるといわれていたが予想されたほど離婚率を押し上げるインパクトはなかった。

　また失業率と女性労働力率の上昇が日本の離婚率を高めており，日本の潜在的離婚率はアメリカに次いで2番目の離婚大国であるという主張もなされた[*2]。確かに2002年から離婚率と失業率が歩調を合わせて低下しているようにみえて

111

図8-1　離婚率の推移

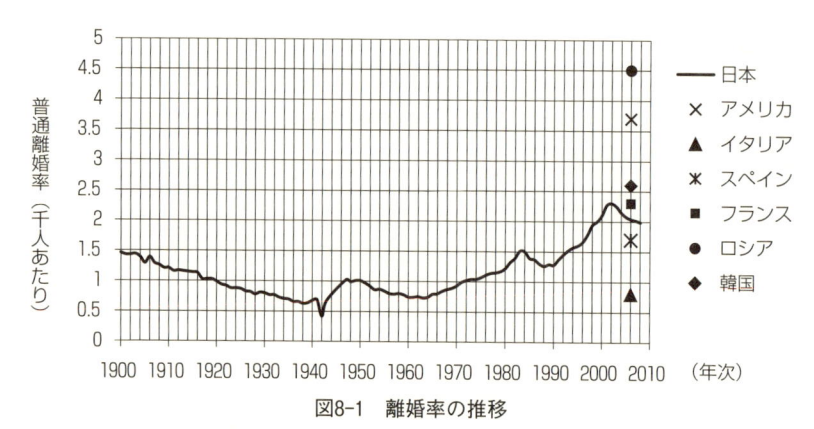

資料）厚生労働省「人口動態統計」および U.N.National Demographic Yearbook（2006）より作成

いたが，2007年度以降に失業率が上昇を始めたにもかかわらず，離婚率は下降している。

近年の離婚率低下の説明は今後の研究を待たねばならないが，数字だけを見れば日本は再び低離婚国へと戻りつつあり，離婚大国にならずに済んだといえそうである。しかしその一方で，日本の離婚確率は「現在すでに欧州で平均的に経験されている離婚の状態にほぼ近い」（岩澤，2008，p.26）あるいは「少なく見積もっても，日本の全婚姻のうち3分の1が婚姻後30年未満で離婚する」（レイモ他，2005，p.59）という研究結果も出されており，毎年出される普通離婚率の数字だけで安心できるわけではない。いずれにせよ日本における離婚はライフコース上でごく普通に経験するイベントのひとつになっているといえるだろう。

## 2　離婚の要因

### (1) 経済的要因

離婚は単一の要因によって起こるのではなく，社会や経済の動きといったものから家族内葛藤や価値観の相違といったものまでさまざまな要因が直接・間接に影響を与えている。はじめに経済的要因からみてみよう。

離婚要因として比較的明らかなものに夫の経済状況がある。アメリカでは社会経済的地位と離婚の間に反比例の関係が見いだされる（野々山，1985）。このことは日本においてもいくつもの研究で確認されている。夫の結婚時の仕事が大企業従事者の場合が最も離婚確率が低く，臨時雇いが最も離婚しやすくなっている[3]。夫の職業階層がもつ効果は特に結婚後10年から30年のベテラン夫婦に圧倒的な効果をもち，大企業勤務に対し中小企業勤務などでは離婚可能性が10倍に跳ね上がる（加藤，2005）。夫が経済的に不安定であるほど離婚の確率は高まるのである。

　これに対し，妻の経済的状況が離婚に与える影響は複雑で，アメリカでは離婚とは無関係であるか負の関係にあるという結果が出ている（レイモ，2008）。日本における女性の雇用機会の増大と保育所の拡大や児童福祉手当など社会保障の整備により，女性が離婚後の生活を維持できる可能性が高まったとして，妻側の経済力の向上を離婚増加の要因に数えることも多い[4]。しかし現実の母子家庭の平均年収は全世帯と比較して3分の1程度であり，父子世帯と比較しても半分程度であり，非常に厳しい経済条件の下で離婚後の生活を送っていることがわかる（表8-1）。貧困層を全世帯の平均収入の半分未満と見積もると，母子世帯のかなりの部分がここに入ることになる。特に常勤雇用と臨時・派遣の差は大きく，常勤にならなければ年収300万円のラインを超えるのは「至難の業」である（神原，2006）。このように離婚後の経済的困難が主として女性側に立ちふさがるため，妻の経済的自立が離婚を後押しする効果はすべてのライフコース上に均等にみられるわけではなく，結婚中期（5～9年後）に現れるとする研究結果もある（加藤，2005）。

表8-1　全世帯とひとり親世帯の平均年収

| 年次 | 全世帯 | 母子世帯 | 全世帯に対する母子世帯の割合 | 父子世帯 | 全世帯に対する父子世帯の割合 |
|---|---|---|---|---|---|
| 2002年 | 589.3万円 | 212万円 | 36.0（％） | 390万円 | 66.2（％） |
| 2005年 | 563.8万円 | 213万円 | 37.8（％） | 421万円 | 74.7（％） |

資料）厚生労働省「平成18年度　全国母子世帯等調査」より作成

## (2) 価値観の変化

　結婚や離婚に関する選択や行動を支える価値観・規範の変化は離婚率の上昇とある程度歩調を合わせているようにみえる。1972年の意識調査では「結婚しても相手に満足できないときは離婚すればよい」という考え方を支持する者の割合は男女とも21％程度であった[*5]。その後の調査では離婚を支持する割合は上昇を続け、1997年には54％と過半数を超えた。その後は減少傾向にあり、2007年の調査では46.5％となっている。近年の離婚率の低下傾向と比べると離婚に関する価値観の変化が多少先行しているといえるだろう。

　離婚調停事件の申し立ての動機をみると、「夫婦とも『同居』にはあまりこだわらなくなり、相対的にだが相手の『異性関係』を指摘する声も小さくなった。その代わりに、性的・精神的・心理的な原因をあげる者が多くなってきた」傾向がみられる（湯沢他、2008、p.208）。結婚相手に望むものとして男女とも「性格・パーソナリティー」「価値観・相性」が最上位にあげるのも同じく、結婚に精神的・心理的な安定や充足を求めていることの現れだと考えられる（厚生労働省、2004）。戦後一貫して見合い結婚の減少と恋愛結婚の増加が続き、高度成長期にはその比率を逆転させた。その過程で愛情や相互理解といった情緒的満足に対する要求水準が高まることになったが、それにより現実の結婚生活への評価は厳しいものになってゆく。期待と幻滅という振れ幅が大きくなり、その一方で離婚後の経済的条件の変化や有責主義から破綻主義への流れのように、離婚へ向けたハードルは低下している。価値観の変化はそれ単独ではなく、他の要因と結びつくことで離婚を増加させるのだと考えるべきである。

## 3　子どもへの影響

### (1) 経済的影響

　日本においては共同親権が認められていないため、母親か父親のいずれかが親権を担うことになる。親権者となる父母の割合をみると1960年代以降は逆転し、基本的に未成年の子は母親の監護を受ける者が大部分となる。これは前述した女性の経済的地位の向上による影響が大きい。女性の就業の増加やそれに

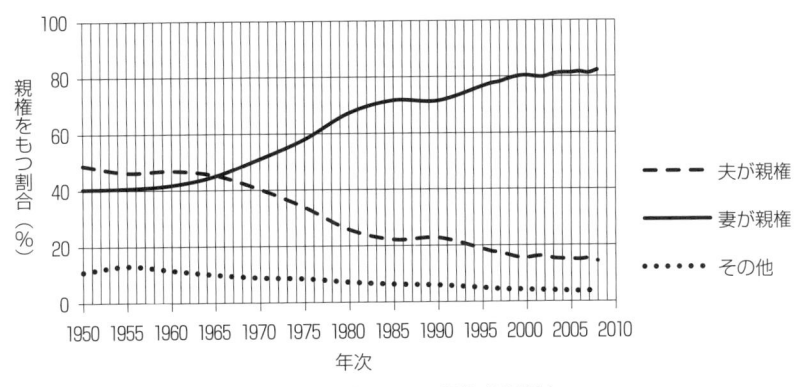

図8-2　離婚における親権者別割合
資料）厚生労働省「平成20年　人口動態統計」より作成

対応する保育所の拡大・整備は，彼女たちが高度成長期の働き手として要請されたことの結果でもあり，現在まで続く雇用環境の男女格差もこの時期に準備されていた[*6]。

　母子世帯になった原因は1978年では死別49.9％に対し離別50.1％とほぼ同数であったのが，2006年にはそれぞれ9.7％，79.7％と大部分が離婚に起因している（厚生労働省，2007）。つまり母子家庭の経済的困窮は離婚の際にほとんどが母親に引きと取られる子どもの困窮でもあるのだ。

　経済的ハンディキャップは日常生活の質を低下させるだけでなく，家族領域から社会領域へと踏み出す子どもたちのライフコースの大きな規定要因となる。それはお金がなくて本が買えない，進学先の選択肢が減少するという直接的な効果にとどまらない。非離婚家庭の子どもたちが平均的にもつことになる価値観・態度・自信といったものとは異なった状況を出現させる。生活保護・低所得世帯の子どもたちのインタビューを通して，経済的問題や学力・学歴が将来の選択肢を狭め，その結果具体的な将来像を描けないまま目の前の利益にとらわれがちになる現実が報告されている（小西，2003）。

## (2) 社会経済的達成への影響

　離婚はどのような形で子どもたちの将来に影響するのだろうか。直接的な影

響は学校や習い事の学費，本やパソコンといった文化資本に属するものに十分なコストをかける余裕がないなどの形で現れる。ではそのような格差を埋める児童扶養手当や生活保護があればよいのだろうか。厳しい経済生活を強いられている母子世帯にとって，それらの社会保障制度はある程度有効であろう。しかし，お金があれば子どもに対する離婚の影響を払拭できるというわけでもなさそうである。耳塚寛明は子どもの算数学力に与える家庭的背景の影響を調査し，どれくらい積極的な教育投資を行っているかという要素に保護者の学歴に関する期待が合わさって強い効果を見せると主張する（耳塚，2007）。

一方，苅谷剛彦は小中学生を対象に，「家の人はテレビでニュース番組を見る」「手作りのお菓子を作ってくれる」「家の人に絵本を読んでもらった」「博物館や美術館に連れていってもらったことがある」といった家庭の文化的環境を示す尺度を使って，上位・中位・下位の「文化的階層グループ」を構成した。各グループの学習意欲・学習行動・学習成果（成績）を比べてみると，そのすべてにおいて階層上位の得点が高く，階層が下位の方が低くなっていた（苅谷，2008，p.28）。

このように学習意欲とそれにもとづく学習活動，その結果としての学習成果が見事に文化的階層の，つまり親の養育態度や価値観の強い影響を受けているのだとすれば，生活に追われる離婚家庭の監護状況が非離婚家庭に比べて子どもの学習を妨げる可能性が高いと予測できるだろう。学習意欲は学歴達成の程度に影響を与え，学歴は就職や職業の安定的継続にも影響する。たとえば，2004年から2008年までの学歴別の完全失業率（平均）をみると，「大学・大学院卒」が2.98，「短大・高専」が3.96，「小学・中学・高校・旧中」が4.88と大きな差がついている[*7]。

離婚家庭における親の子に対する期待とサポート（悩みの相談にのる，宿題をみてあげるなど）の低下が，子どもの経済的困窮を増大させると同時に学歴および職業上の達成を引き下げるという研究結果もある（Amato, 1997）。

### (3) 心理的影響

親の離婚を経験することで子どもが受ける心理的影響は多方面に及ぶ。小田

切紀子は離婚後に子どもに生じる変化や反応を「感情（悲しみ，不安，怒り）」「自尊感情の低下」「結婚観の変容」「悲哀反応」に分類している（小田切，2005）。これらには離婚前後に短期的に経験されるものもあれば，より長い時間をかけて展開するものもある。離婚直後の悲しみや不安は薄れながらも，親に対する激しい怒りや自尊感情の低下を避けることができない場合など，「離婚を乗り越えた」と簡単には言いがたい複雑なプロセスをたどることが多い。離婚申し立て中の60家族を対象に25年間に及ぶ追跡面接を行ったウォラースタイン（Wallerstein, J.S.）らは，子どもが経験する離婚は一時的な出来事ではなく，大人になってからも影響が続く長期的なプロセスであると主張した（ウォラースタインほか，1997，2001）。

アメリカの一般市民が考える以上に離婚の影響は深刻で長期にわたると主張するウォラースタインに対し，アーロンズ（Ahrons, C.）は173人の調査対象の8割近くが親の離婚を肯定的に受け止め，子どもであった自分の状況がよくなった（あるいは影響を受けなかった）という結果で反論している（アーロンズ，2006）。子どもが親の離婚を経験する意味をどのように解釈するかの違いはあるにせよ，両者の主張は結婚をイベントではなく離婚前後にまたがる長いプロセスとして理解すべきことを示唆している。

子どもの問題傾向（逸脱，抑鬱性，攻撃性）が最も強くなるのは子どもへの関わりが薄く規制も行わないタイプの親という報告もあるが，これは生活に追われがちな離婚家族が抱える養育上の問題と共通している（伊藤，2000）。また，心身症（摂食障害，過敏性腸症候群，過呼吸症候群ほか）を中心とする患者の養育環境を調査した結果，親との離別体験やその後の教育環境の貧困の影響を認めている研究や，摂食障害の危険因子として両親の不和や両親の別居・離婚といった先行体験を抽出した研究など離婚の影響が心理的な側面にとどまらず，さまざまな疾患に結びつく可能性が指摘されている（堀田他，2004；大場他，2002）。

このように個別の研究領域においては離婚が子どもの望ましくない結果を引き起こす可能性が指摘されている一方で「親が離婚したからといって子供たちが非行化するとか，情緒障害になるとか，あるいは将来において特別な問題が

第8章　子どもにとっての離婚

生じるといったことは何も見いだせない」(野々山，1985，p.145)という意見も少なくない。どのような条件下で子どもたちは離婚の影響を受けやすくなるのか，あるいは受けにくくなるのかといった研究が重要になるだろう。

## 4 離婚後の子どもたちを支えるもの

### (1) 子どもにとっての社会関係資源

親の養育なしに生活できない子どもの側からすれば，親の離婚は受け入れざるを得ない運命である。子どもたちが離婚によって出現する新しい人間関係や生活環境のなかでどのように生きていくことになるのかを離婚後の社会関係資源の視点から考えてみよう。

すでにみたように，特に母子家庭を中心として離婚後の子どもたちにとって生活の経済的水準が低下する可能性は高い。日本は欧米と比べ，親や親戚を中心とする社会関係資源を豊富にもっているといわれる。夫婦と親の同居率は人口集中地区で20％，非集中地区では45％を超える。特に育児期にあたる若い年齢層は別居していても「30分以内」の近距離に住む者が6割以上である。また同居する母親が夫側か妻側かで多少の差があるものの家事協力を得られており，その時間も「2時間以上」が最も多い(国立社会保障・人口問題研究所，2006)。特に常勤で働く妻は同居親の協力を受けており，夫の家事協力が少ない日本では，働く女性にとって重要な社会関係資源だといえる。その一方で母子世帯の母にとって地域や母子世帯団体の果たしている役割は小さい(家計経済研究所，1999)。

離婚により転居する親権者の割合は男で27.7％に対し，女は66.6％と圧倒的に多くなっている(厚生省，1997)。これは離婚時の持ち家比率が男女によって差があることや，離婚前には就業していなかった妻が離婚を契機に(あるいは離婚に備えて)働き始めたためだと考えられる。母子世帯は離婚以前の居住環境からの移動を余儀なくされ，社会関係資源を減少させることになる。子どもも学校や地域の人間関係に関する大きな変化を経験するし，単純に考えても別離する親側から享受していたサポートの質や量は低下する。また子どもにかか

わる社会関係資源は親を経由する場合が多いため，親権者の環境変化は子どもに影響することになる。

母子世帯・父子世帯とも相談相手は親族が最も多く6割を大きく超え，その次に知人・隣人が3割弱と続く（厚生労働省，2007）。また一般的に夫婦とも相談相手には配偶者を選択することが非常に多い現状からすると，離婚は相談相手の喪失と社会関係資源の基盤である居住環境を変化させることになる（星，2005）。

ただし，母子世帯の同居率が年齢にかかわらず一定であるのは，母親の収入が年齢や経験とともに増加しにくい—低い学歴や非正規雇用率の高さに関連している—ことを反映しており，同居を経済的自立の困難さという側面からも理解する必要がある。家族サポートの質についていえば，階層が高い者ほど家族からの援助を期待しやすいという報告があり（大和，2009），離婚に対して夫の職業階層要因が強く働いていること（加藤，2005）や妻の学歴が低いほど離婚しやすいということ（レイモ他，2005）を考え合わせると，離別家庭の受けられる親族のサポートの量だけでなく質も検証していく必要があるだろう。

### (2) 子ども自身の世界

経済的影響やそれと連動する社会経済的達成への影響をどうコントロールするかは子どもをとりまく大人たちにとっての大きな課題である。その一方で，子どもの離婚の受け止め方はさまざまである。離婚をあまり意識せずにすんだ者もいれば，大人になっても親の離婚を引きずる者もいる。ただ子どもが離婚後の生活とどのようにつきあっていくにせよ，子どもが自分自身の世界を構築しながら生きていくことに変わりはない。

離婚を経験した子どもが成人し，同じ環境にある子どもたちに「自分の生活を離婚のせいにしない」「あなた自身の人生です」「自分のアイデンティティを確立する」といったアドバイスを送っている（アーロンズ，2006，pp.298-299）。これは紆余曲折の末に，子どもたちが自分自身の世界を生きる大切さを理解したことを意味している。大人たちは子どもが受けるダメージや不利益をできる限り小さくすることに心を砕いているが，子どもたちが親の問題から離れて自

分のあり方を確立する手助けをすることも同じくらい重要な課題である。

　子どもが自発的に参加する活動を支援し，学校生活の満足度を上げるという点では親が子どもと実際に触れ合う時間が不可欠である。親子関係の質に影響を与える要因は，夕飯を共にし，いつも会話を楽しみ，遊びや勉強につきあうというあたりまえのものである（賀茂，2004）。ひとり親世帯の厳しい現実を知ってもなお，親子で過ごす時間の意義は強調されるべきだろう。

　また，子どもが自ら楽しみとしてかかわるものに，遊びやそれを通じた仲間たちとの関係があげられる。どちらもより自発的な関与を特徴としており，貴重な社会化経験の場である。限定された時間や空間のなかで純粋な楽しみや達成感で満たされる経験は自分だけの世界を確認することでもある。確かに，離婚という長期にわたる一定の社会経済的・心理的影響下で社会化は進行する。その一方で，遊びや仲間集団での活動のように，参加者が社会的文脈からの離脱を伴って展開する社会化の意義を忘れてはならない。もちろん遊び等における離婚の影響―活用される資源や人間関係の形式などに関連して―の検討は不可欠である。

　現代社会において自分自身の世界を育てていくことは，どんな子どもにとっても容易なことではない。それは離婚の影響の有無を越えて，社会化の大きな課題である。その意味で，親の離婚を経験した子どもたちのこれからを考えることは，子どもから大人へ移行することの困難と向き合うことに他ならない。

　なお本章では親権者の比率を考慮し，離婚家庭を母子世帯として論じてきたが，仕事と家庭の両立や性別役割との関連で父子世帯独特の現状と課題が存在することにも注意を向けるべきである。また，離婚経験時の子どもの年齢による影響の差異や子どもの性別によって異なる離婚の影響についても同様である。

### 考えてみよう

① 離婚をめぐるさまざまな変化には1960年代を中心とする日本社会の大きな変動が関係している。高度成長期の特徴とそれがもたらした問題点を調べてみよう。

② 子どもの進学等に影響を与えるものとして経済的要因があげられるが、それ以外にも子どもの意欲や態度に影響する要因が存在する。それはどのようなものだろうか。

③ 離婚後のひとり親家庭では子どもに対する監護・養育の質が低下しがちである。それを補う可能性があるものとしてどのようなものが考えられるだろうか。

【注】

1　ただし明治まで遡ると，1883年の3.38，1890年の2.73のように非常に高い離婚率を経験した時代があったことがわかる。数値は内閣統計局『帝国統計年鑑』を参照。

2　失業率が上がるほど，女性が働くあるいは働くことを希望するほど離婚率が上昇すると仮定した計算に基づいている（第一生命経済研究所，2005）。

3　藤見他（2009）より。同様の研究に，福田（2005）がある。

4　たとえば以下の論文はいずれも最低限という限定付きで女性の経済的自立を評価している。（小田切，2001；永田，2004）

5　数値は以下の資料による。総理府「婦人に関する意識調査」1972, 1979, 1984, 総理府「男女平等に関する世論調査」1992, 総理府「男女共同参画社会に関する世論調査」1997, 内閣府「男女共同参画社会に関する世論調査」2002, 2007

6　雇用形態における正規職員・従業員の比率は男女とも減少を続けている。そのなかで男性の正規労働者100に対する女性の割合は，1985年の73.4から2008年の57.5へと大きく減少し，男女間の格差は拡大している。（内閣府，2009）（1—特—24図）より計算。

7　総務省「労働力調査詳細集計（速報）平成20年」のデータを利用した。

【引用参考文献】

アーロンズ, C., 2006,『離婚は家族を壊すか』（寺西のぶ子監訳）バベルプレス（原著,

2004).
岩澤美帆，2008，「初婚・離婚の動向と出生率への影響」『人口問題研究』国立社会保障・人口問題研究所，64 (4).
伊藤美奈子，2000，「子どもの問題行動の発達的特徴とその背景にある諸要因―親の養育態度に注目して―」総務庁『低年齢少年の価値観等に関する調査』.
ウォラースタイン，J. 他，1997，『セカンドチャンス』草思社（原著，1989).
ウォラースタイン，J. 他，2001，『それでも僕らは生きていく』PHP 研究所（原著，2000).
大場眞理子他，2002，「家族環境からみた摂食障害の危険因子についての予備的研究」『心身医学』日本心身医学会，42 (5).
小田切紀子，2001，「日本の離婚に関する調査報告」『東京国際大学論叢人間社会学部編』58 (7).
小田切紀子，2005，「離婚家庭の子どもに関する心理学的研究」『応用社会学研究』東京国際大学 (15).
家計経済研究所，1999，「ワンペアレント・ファミリー（離別母子世帯）に関する6カ国調査」.
加藤彰彦，2005，「離婚の要因：家族構造・社会階層・経済成長」熊谷苑子・大久保孝治編『コーホート比較による戦後日本の家族変動の研究：全国調査「戦後日本の家族の歩み」(NFRJ-S01) 報告書 No.2』日本家族社会学会 全国家族調査委員会.
賀茂美則，2004，「親子関係の質とその決定要因」渡辺他編『現代家族の構造と変容』東京大学出版会.
苅谷剛彦，2008，『学力と階層』朝日新聞出版.
神原文子，2006，「母子世帯の多くがなぜ貧困なのか？」澤口恵一・神原文子編『第2回家族についての全国調査 (NFRJ03) 第2次報告書 No.2：親子，きょうだい，サポートネットワーク』日本家族社会学会 全国家族調査委員会.
厚生省，1997，「社会経済面接調査：離婚家庭の子ども」.
厚生労働省，2004，「少子化に関する意識調査研究」.
厚生労働省，2007，「平成18年度全国母子世帯等調査」.
厚生労働省，2008，「平成20年人口動態統計」.
国立社会保障・人口問題研究所，2006，「第3回全国家庭動向調査」.
小西祐馬，2003，「貧困と子ども」青木紀編『現代日本の「見えない」貧困』明石書店.
総理府，1972，1979，1984，「婦人に関する意識調査」.
総理府，1992，「男女平等に関する世論調査」.
第一生命経済研究所，2005，「潜伏する離婚予備軍」.
内閣府，2009，「平成21年度 男女共同参画白書」.
内閣府（総理府），1997，2002，2007，「男女共同参画社会に関する世論調査」.
永田夏来，2004，「夫婦の情緒関係と離婚」清水浩昭他編『家族革命』弘文堂.
野々山久也，1985，『離婚の社会学』日本評論社.
福田節也，2005，「離婚の要因分析」『リスクと家計消費生活に関するパネル調査平成17年版』財団法人家計経済研究所.
藤見純子・西野理子編，2009，『現代日本人の家族』有斐閣ブックス.
星敦士，2005，「世代とジェンダーの視点からみた相談ネットワークの選択」『人口問題研究』国立社会保障・人口問題研究所，61 (4).
堀田彰則他，2004，「思春期・青年期の心身症およびその周辺疾患の発症に及ぼす家

族機能と養育環境の影響」『心身医学』日本心身医学会，44（5）．
耳塚寛明，2007，「だれが学力を獲得するのか」耳塚寛明・牧野カツコ編『学力とトランジッションの危機—閉ざされた大人への道—』金子書房．
大和礼子，2009，「援助資源としての家族」藤見純子他編『現代日本人の家族』有斐閣ブックス．
湯沢雍彦・宮本みち子，2008，『新版データで読む家族問題』日本放送出版協会．
レイモ，P. 他，2005，「日本における離婚の現状：結婚コーホーと別の趨勢と教育水準別格差」『人口問題研究』国立社会保障・人口問題研究所．
レイモ，P., 2008，「アメリカにおける離婚の要因と結果—近年の研究の概略—」『家族社会学研究』日本家族社会学会，20（2）．
Amato, P.R., Alan, B., 1997, *A Generation at Risk: Growing Up in an Era of Family Upheaval*, Harvard University Press.

# 第III部

# 親の問題

# 第9章 親になる過程

木村 敬子

　学校を卒業する，就職する，結婚する，子どもが生まれる＝親になる，子どもが独立する，定年を迎え社会の第一線から引退する，といった人生の大きい節目によって描かれるライフコースのなかの，親として社会化されるライフステージに焦点を合わせるのがこの章である。「親になる過程」というテーマは，昨今問題となっている晩婚化・晩産化・少子化という事態と深く関連する。まず，このあたりから話を始めよう。

## 1　ライフコースの変化と親役割

### (1) 晩婚化・晩産化・少子化

　学校を卒業後，就職し，結婚し，子どもをもつ，すわなち親になる，というライフコースを多くの若者がたどることは今でも変わらない。しかしそれを経験する年齢は大きく変化した。たとえば，平均初婚年齢を厚生労働省の人口動態統計でみると，図9-1の縦棒グラフのようになる。夫：1975年27.0歳から2007年の30.1歳へ，妻：1975年24.7歳から2007年は28.3歳へと，調査のたびに高くなってきた。結婚していない人の割合を性別・年齢階層別に見たのが図9-2であるが，25〜29歳という，かつては"結婚適齢期"などといわれた年齢層について見てみると，男性の未婚率は1975年の48.3％から2005年は71.4％へ，女性の未婚率は1975年20.9％から2005年の59.0％へと大幅に上昇した。20歳代後半男性の7割強が，女性の6割弱が"独身"なのである（図9-1, 9-2）。

　この晩婚化の結果，最初の子どもをもつ年齢が高くなるのは自然の成り行き

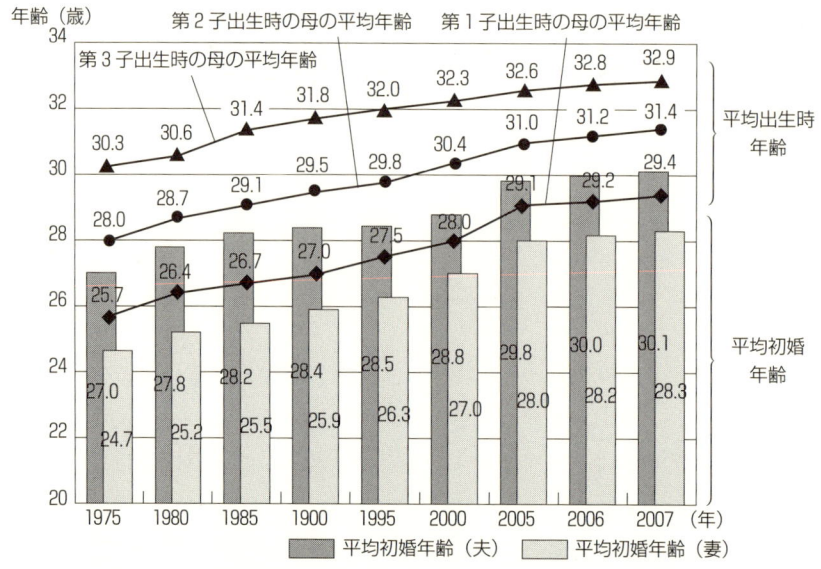

資料）厚生労働省「人口動態統計」

**図9-1　平均初婚年齢と母親の平均出生時年齢の年次推移**

出所）内閣府，2009，p.12

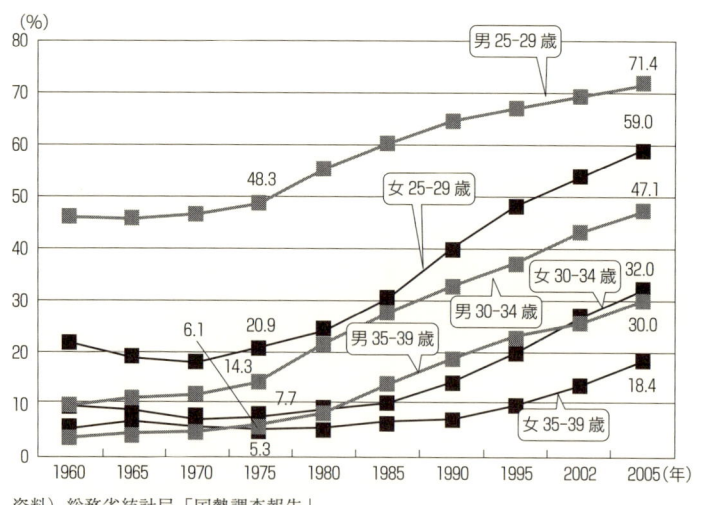

資料）総務省統計局「国勢調査報告」

**図9-2　年齢別未婚率の年次推移**

出所）内閣府，2009，p.10

で*¹，晩産化の傾向が続いている。第1子出生時の母の平均年齢は1975年25.7歳，1985年26.7歳，2005年29.1歳と急速に高くなってきた（図9-1の折れ線グラフ）。この晩婚化・晩産化が社会の「少子化」をもたらした大きい要因である。

では結婚したカップルも出産しなくなったのか，というと，まだその傾向はさほど顕著ではない。しかし2005年の調査では，完結出生児数（結婚持続期間15～19年の初婚同士の夫婦の子ども数で，夫婦の最終的な出生子ども数とされる）は2.09人と報告された。1972年2.20人，1982年2.23人，1992年2.21人と推移してきたことからすると，2005年（2.09人）はやや少なくなったといえるが，それでも2人を保っている。結婚した夫婦が平均すれば2人子どもをもつという傾向は維持されてはいる。しかし多少ペースが落ちる傾向が見え始めたといえよう（国立社会保障・人口問題研究所，2005）。

さてこのような変化の結果，人々の一生のライフコースはどのように変わるのだろうか。湯沢雍彦は出生コーホート（同時出生集団）が人生の節目（高校卒業，結婚，長子出産，末子出産，末子就学，末子高校卒業，末子結婚，そして平均寿命）を経験する平均年齢をとらえてその年の平均余命を生命表から加算するという方法で描かれた女性のライフコース図を考察に用いている（湯沢，1995，p.23）。これによると1903年生まれ，1928年生まれ，1955年生まれと若くなるにつれて，出産にかかわる期間，育児に多忙な期間が短くなっていく。1903年生まれの女性の長子出産（24.1歳）から末子就学（42.0歳）までの期間は17.9年であるが，1955年生まれの女性になると，長子出産（26.4歳）から末子就学（35.2歳）までは8.8年と短い。出生児数が少なくなった結果であるが，これに長寿化の傾向が加わるため，子どもの手が離れる，いわゆる"空の巣"期が，女性の人生のなかで大変長くなったことが明らかである。すなわち親役割が軽くなってからあとの，しかもまだまだ元気な人生が長いというライフコースを今日の女性たちは生きているのである。空の巣期が早くやってくるのは男性も同じである。夫婦の新たな関係の取り結びが必要になる時期である。

(2) 調査にみる子ども観の変化

　このような晩婚化・晩産化，その結果としての少子化は何によってもたらされるのか。国立社会保障・人口問題研究所の第13回出生動向基本調査（2005年）によると，夫婦が理想とする子ども数，および実際にもつつもりの子ども数がともに，過去の調査結果より低下しているという。（理想の子ども数）〈予定の子ども数〉の順に数値を記すと，1977年：（2.61人）〈2.17人〉，1987年：（2.67人）〈2.23人〉，1997年：（2.53人）〈2.16人〉，そして2005年：（2.48人）〈2.11人〉と，2005年には「理想」も「予定」もかなり低下した。そしていずれの年も予定の子ども数は理想子ども数を下回っている。

　なぜ理想の数だけ子どもをもたないのか，この調査ではその理由をきいているが，ここでは妻の年齢30〜34歳層についてみてみたい。最も多い答は「子育てや教育にお金がかかりすぎるから」（78.7％），次いで「これ以上，育児の心理的・肉体的負担に耐えられないから」（24.6％），「自分の仕事（勤めや家業）に差し支えるから」（21.9％），「家が狭いから」（19.8％），「夫の家事・育児への協力が得られないから」（19.1％）と続く（複数回答）。最大の要因は経済面であるが，心理的・肉体的負担，住居環境，夫の家事・育児協力欠如と，さまざまな支援の必要性を思わせる結果となっている。最近ワーク・ライフ・バランスという用語で強調されるようになった，男女が仕事と個人生活をともに満足のいくように達成できる社会をつくる，という考え方はこのような状況を背景としている。

　ところで，このような選択肢のある質問への回答としては上に示したような現実的な理由があがってくるのは当然かもしれない。しかし，子どもをもつことをためらったり，後に延ばしたりすることそのものが，結婚観・子ども観の変化をあらわしている。親になる過程を考えるためにはこの価値観の変化に触れないわけにはいかない。

## ❷ 「子どもをもつこと」の意味の変化

　前近代社会，農業社会においては，結婚は家業の労働力を確保するために不

可欠の手段であった。結婚も出産も個人の意思で決めるものではなく，一定の年齢になれば周囲もお膳立てをして，当然のように結婚し，親になった。家と家産を継承し次代へつないでいくという役目が一人前の大人の役割だったからである。西欧でも同様でギデンス（Giddens, A.）は一見普遍的と思われがちな愛情と結婚の結びつきは近代になるまで一般には浸透していなかったことを示しながら，「西欧の中世では，またその後の数世紀間も，人びとは，一家が所有してきた称号や財産を末代に残すためや，子どもたちを生み育てて耕地で仕事をさせるためにもっぱら結婚してきた。」と述べている（ギデンス，1993, p.12）。

　産業革命後，工業社会・産業社会に移行していくが，日本では明治以降，武家の家制度を引き継ぐ家族制度が明治民法によって強化され，家制度は存続し，結婚して子どもを産み育てることがその制度を維持するために重視される社会が続いた。産業構造が変化し，大正時代には，誕生した新中間層を筆頭に，夫はサラリーマン，妻は家を守り子どもの教育に力を入れる「近代家族」，「教育する家族」（広田，1999, pp.53-57），へと家族は変貌していく。しかし第二次世界大戦後の新しい民法制定までは「家制度」が規範モデルとして機能していた（本田，2007, p.19）。

　本田和子はこの制度が「子どもの存在意義」にどう影響したかを追求している。子どもに「家」を継がせ，家に付随する「財産」を継承させるという在り方が当たり前の社会では，「子どもを産み，育てること」の意義は揺らぐべくもなかった（本田，2007, p.23）。「とにかく，結婚という制度に身を託した以上は，『産み育てる』営みをあたかも結婚の一部であるように見なして『子ども』をもつことを当為とし，育てることに専念したのであろう」（本田，2007, p.23）という。では，子どもをもつことが当たり前の社会だったのになぜ少子化してきたのか，つまり子どもが生まれなくなったのかを，「子どもが忌避される時代」として，その理由を次のように考察している。

　急速な近代化のなかで「立身出世」をめざし学歴取得のために勤勉努力する厳しい道が子どもの将来に用意されるようになり，その子の能力や努力によって将来の地位や財力も決まってくることが明らかになってきた。そうなると，

「「子ども」に付託される意義が「家」のためではなく,「その子自身」のため,に変わり,それぞれの子どもがそれぞれの目標を目指して努力するとなれば,「産み育てる」役割の人の産む意識も育てる意識も,また,「産み育てる」営みに付与される意義も変わらざるを得ないだろう。結果として,母親が捉えられたのは,いつまでも続く「子育て」の苦労であった。家の跡継ぎさえ産めばそれでよい,という単純な役目は過去のものとなったのである。」(本田,2007,p.24)。

ここには新中間層が台頭し学歴競争が激しくなるなかでの子育て意識変化の様相が描かれている。そして本田は母親が自分に課せられた「跡継ぎを作る」という責任を果たすために子どもを産み育てるのではなく,その子自身の幸せのために育てるということになるとしたら,それは,果たして女親にとっての不可避の義務と言い得るのか,とまでいい,今日少子化の一因となっている「子どもを忌避する」心性はすでに明治以来のこのような動きのなかに胚胎されていたのではないか,としている(p.25)。それは結局,「産み育てること」は個人に属する私的な営みと化する結果をもたらし,夫婦に決定権や選択権が生まれる時代へと転換した(p.49)。こうして,「子どもをもつという規範」が社会に厳然としてあった状況は次第に大きく変わり,子育て意識の変容を背景として少子化が現出することになる。

この近代家族,そして教育する家族は,産業化の進展とともに次第に多くを占めるようになっていった。経済成長を成し遂げ,夫の給与だけで妻子を養うことができる家族が増えた1970年代半ば,それは最も専業主婦割合が多くなった時期であるが,近代家族,教育家族が一般に広まった時期であった。しかしすぐに女性の生き方にも,変化がみられるようになる。今や,職業で実績をあげる生き方と子どもを産み育てる営みの両方を求める女性が多くなった。しかし職業と育児の両立困難な状況が続き,そこに先述の本田が示すような子ども観の変化を基盤として,晩婚化・晩産化がもたらされたということができよう。合計特殊出生率は2007年1.34,2008年1.37と,このところもちなおしてはいるが,1990年の1.57ショック(1966年のひのえうま年の合計特殊出生率1.58を下まわったことにより社会に走った衝撃)のレベルにさえまだほど遠い。

産業革命後の明治・大正期に胚胎していた「子ども存在の希薄化」（本田，2007, p.38）傾向が免れられないとすると，ますます「子ども」の意義を巡る問題は複雑になる。少子化の要因は増え続ける。

## 3 親になるということ

### (1) 親役割と親への社会化

晩婚化・晩産化は現代社会の避けられない傾向となっているが，結婚すれば2人程度の子どもをもつという傾向もまたあまり大きく変化していないことを述べた。そして親になるライフステージに至って，私たちは自らの考え方や生き方にさまざまな変化を経験する。人の一生は，人生の節目を経るごとに展開するライフステージにおける社会経験によって生涯発達を続けていく過程なのである。

人間発達の社会的性格を明らかにしたハヴィガースト（Havighurst, R.J. 1900-1991）の発達課題論[*2]をもちだすのはいささか古いかもしれないが，彼は壮年初期（18歳～30歳）の発達課題に，配偶者を選ぶこと，配偶者との生活を学ぶこと，第1子を家族に加えること，子どもを育てること，家庭を管理すること，職業に就くこと，市民的責任を負うこと，適した社会集団を見つけること，をあげた。1930年代のアメリカ中流家庭をモデルとしているといわれ，30歳までにほぼ一人前の社会人，家庭人になることが想定されている点など，だいぶ現状とずれている。とはいえ，生涯にわたって社会経験を通して発達していく人間の一生をとらえた理論として，そして発達に対する社会からの要請という視点を強調した点で，参照すべき文献であろう。彼は中年期（約30歳～55歳）の家庭役割・親役割に関しては，7つの課題を示しているが，そのなかに，十代の子どもたちが信頼できる幸福な大人になれるよう助けること，自分と配偶者とが人間として結びつくこと，をあげている。壮年初期は家族の形成期，中年期は家族の拡大期にそれぞれあたるライフステージである。ハヴィガーストによる発達課題は，このライフステージの発達が親役割と切り離して考えることはできないことを示している。もちろん多様な生き方が認められて当然で

あり，それぞれの生き方が人間としての発達をみちびく道につながっていく。ここでは与えられた課題にそって，大多数の人々が歩むライフコースについて，親役割をとることによってどのように社会の一員となり，人間としての発達・成長へとつながっていくのか（社会変化による問題にどう対処すべきなのか）を考察したい。

## (2) 親役割の取得でどう変わるか

　晩婚化傾向が続いて，家族形成期に至る年齢が高くなっていることは先述の通りである。学校を卒業し，職業的社会化を経験する一方で，配偶者を得ることによって，親の家を離れて自分たちの家族（生殖家族，再生産家族と呼ばれる）を形成する。新たなライフステージが展開する。この節では，家族形成期に至って親役割をもつことになった若者／人々が親として一人前になっていく様相をみていく。

　経済成長期以降，若者が形成する家族構造の変化は，小規模化，性別役割分業，家族支援資源の乏しさという特徴があり，それゆえに不安定さという特徴をも有している（住田・田中，2009，p.125）。それが晩婚化・晩産化をもたらす要因にもなっているといえよう。

　国立社会保障・人口問題研究所による第13回出生動向基本調査（夫婦調査）によると，夫婦の平均出会い年齢は夫25.3歳，妻23.7歳であるが，結婚に至る期間は調査のたびに長くなっている。平均交際期間を記すと，1987年2.5年，1992年2.9年，1997年3.4年，2002年3.6年，2005年3.8年となっている。2005年の恋愛結婚のケースでは4.1年とさらに長い。

　とにもかくにも，第1子出生平均年齢と平均の年齢差（1.7歳差）からすると，平均で妻28.7歳，夫30.4歳で第1子をもつことになる。厚生労働省が21世紀の初年に生まれた子どもの実態を毎年調査している「21世紀出生児縦断調査」も第6回までの結果が出た（回収数第1回は47,015，第6回は38,537，報告書では6回まで続けて回答のあった35,785票を集計している）。これをみると2001年に0歳児をもった家庭の状況がわかる。2001年に生まれたときすでに「兄姉あり」が51.2％，「ひとり」すなわち夫婦の第1子として生まれた子どもが48.8％であっ

た。対象児が5歳になった第6回調査時には「兄姉のみあり」41.4％,「兄姉弟妹あり」9.6％,「弟妹のみあり」32.7％,「ひとり」は16.3％というきょうだい構成に変わっていた。まさに家族形成期の様子が如実にあらわれている。

　時間の長短に関係なく日常この子どもを保育している「ふだんの保育者」（複数回答）は，0歳児のとき：母97.5％・父48.4％・祖父母21.8％，5歳児のとき：母91.0％・父47.8％・祖父母23.7％，と両親と祖父母の数値はあまり大きくは動かない。他方，0歳児のときの家庭外保育の状況がわかる「保育士等」の数値は3.5％だったが，5歳児になると保育士等37.9％，幼稚園の先生59.7％と大きく変わり，合わせて97.0％が幼稚園か保育所へ行っていることがわかった。0から5歳児の子育てにあたっているのは圧倒的に母親であることは性別役割分業家庭の特徴をあらわしているが，母の就業状況の変化もまたこの特徴を示す（図9-3　母の就業の有無の変化）。出産1年前には有職54.5％，無職44.7％であったが対象児が0歳の時には有職は25.1％に減少し，73.9％が無職となった。それが5歳児になるとふたたび有職が51.4％へと盛り返し，無職は47.5％になっている。詳細なデータでは出産1年前に「常勤」だった母親を100とすると対象児が5歳のときまでずっと常勤を続けていたのは30.9％（3,541人）であったという（厚生労働省, 2009, p.5）。多数派は無職やパート・アルバイトに変わっている。このあたりにも家族形成期の夫と妻には育児へのかかわり方にかな

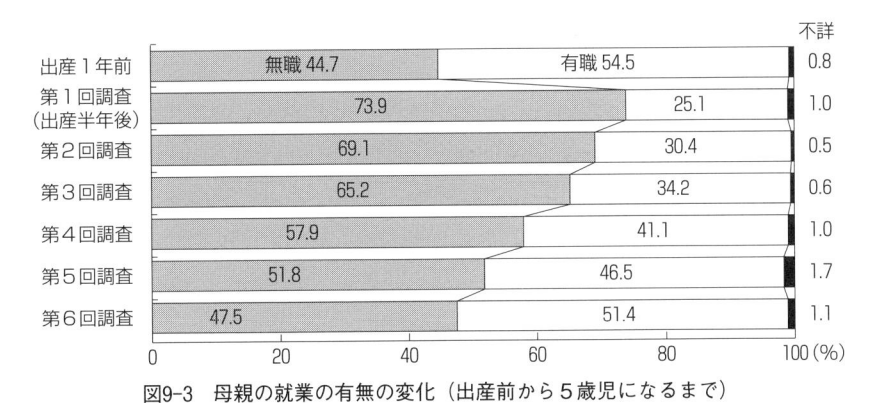

| | 無職 | 有職 | 不詳 |
|---|---|---|---|
| 出産1年前 | 44.7 | 54.5 | 0.8 |
| 第1回調査（出産半年後） | 73.9 | 25.1 | 1.0 |
| 第2回調査 | 69.1 | 30.4 | 0.5 |
| 第3回調査 | 65.2 | 34.2 | 0.6 |
| 第4回調査 | 57.9 | 41.1 | 1.0 |
| 第5回調査 | 51.8 | 46.5 | 1.7 |
| 第6回調査 | 47.5 | 51.4 | 1.1 |

図9-3　母親の就業の有無の変化（出産前から5歳児になるまで）

出所）厚生労働省「第6回21世紀出生児縦断調査結果の概況」より

りの違いがあることがよく現れている。住田正樹と田中理絵は，妻の就業状況別にみる夫の仕事時間，家事時間，育児時間の調査，さらに国際比較調査によって日本の夫が家事・育児にかける時間の短さを指摘し，「親役割の偏り」が日本の家族形成期家庭の特徴であることを明らかにしている（住田・田中，2009, pp.131-133）。6歳未満児をもつ父親の育児時間（週全体）が，アメリカ1：05時間，イギリス1：00，フランス0：40，ドイツ0：59，スウェーデン1：07に対し日本は0：33というデータがある。単純な比較は慎むべきとしてもこの違いは大きい（住田・田中，2009, p.133；内閣府，2009, p.32）。

### 子育て生活の内実と自己の「成長」の実感

　ここで，筆者も調査企画・分析に携わったベネッセ教育研究開発センターの「子育て生活基本調査・幼児版」（2008年）から，子育て中の親の状況を紹介したい[*3]。この年齢の子育ては最も基本的な生活習慣のしつけから社会的行為のしつけまで，こまごまとしたしつけを根気よく行う時期である。衣服の着脱，トイレでの排泄やあとしまつなどは3歳から6歳までのあいだに急速に一人でできるようになるが，決まった時間に朝起きたり夜寝たりすることや，約束を守ること，家事のお手伝いなどは完全にひとりでできるようになるまでには相当な時間がかかる（ベネッセ教育研究開発センター，2009, p.49）。これらのしつけをあきずに続けるという地味な行為の連続が子育て生活の中核で，親役割を取るということの中身でもある。そして母親が主としてこの行為を受けもっている。

　もうひとつ家庭で「特に心がけているしつけや教育方針」の項目をみてみよう。「基本的なあいさつやお礼ができるようにしつけている」，「一人でできることは出来るだけ自分でさせるようにしている」「友だちと仲良くするように教えている」，「乱暴な言葉やきたない言葉を使わせないようにしている」，「あぶないことはしないように厳しく教えている」，「手作り料理を食べさせるようにしている」，「家族で一緒に食事をするようにしている」，「外遊びをさせるようにしている」などのしつけの18項目にいくつでも○をつけてもらう方式で回答してもらった。○をつけた数をしつけ得点として[*4]，しつけ得点高群，中群,

低群の3群に分け,他の要因との関連をみた。しつけに熱心な親が高い点数を取ることになる。この3群と子どもの年齢,性別,母親の職業(常勤,パート,専業主婦),学歴との関連はなかった。このしつけ得点高群すなわちしつけに熱心な親の特徴をみると,「毎日の子育てをとても楽しいと感じている」割合が高く,「子どもの生活習慣やしつけの状況に満足している」割合が高い[*5]。そして,日ごろの生活のなかで「子どもが成長したと感じること」,「子どもをもつことによって自分自身が成長したと感じること」が「よくある」と答えた割合が高いことが注目される。子育ての日常のなかで,しつけ行為を積み重ねつつ,自らの「成長」を感じ取っていく母親の姿がこの結果には現れている。さらに,このしつけ得点高群は夫が「子育てに協力的」だと思っている割合が高く,夫は「あなたが関心をもっていることや悩みなど,現在のあなたご自身を理解してくれていると思いますか」,とたずねると,よく理解している,という回答が他より有意に多かった。夫婦が協力して育児にあたることのできる環境にいる母親は育児に熱心に取り組み,そのなかで「成長」の実感を得ているということがわかるのである。ではこの成長とはどのような内容を含むのだろうか。発達心理学分野の知見をみてみよう。

### 親になることによる「発達」の内容

育児期の親が「親になること」によってどのような人格的な発達をするのかという研究は発達心理学の分野でも行われるようになった。それまでは子どもに光を当てた研究が中心で,子に影響を与える者としてのみ問題とされ親の発達に焦点を合わせた研究は少なかったという(柏木・若松,1997)。大人は完成態でも発達のゴールでもない,成人以降も発達し続けるものであるというとらえ方へと変化し,研究が行われるようになってきた(柏木・若松,1997,p.72;牧野・中野・柏木,1996,p.59)。親となることは人生の大きなできごとで,それによって「成長した」と感じる経験を多くの人がしている。では成長するとはどのようなことなのか,人格にどのような変化をもたらすのか,それについての知見をみてみよう。

柏木惠子・若松素子は,幼児の父母を対象に調査を行った[*6]。親になった

ことによる心理・行動上の変化・発達を，親自身がどう認識しているかをとらえる質問に4段階で評定してもらい，因子分析によって「親の発達」の内実に迫ろうとしている。"確かに自分は成長した"と思う親が多いという調査結果はそれまでも多く得られていたが，その成長の中身は何なのかを詳らかにしようという研究である。この「親の発達」尺度で得られた因子は，①柔軟さ（「角がとれて丸くなった」，「考え方が柔軟になった」，「他人に対して寛大になった」，「精神的にタフになった」など），②自己抑制（「他人の迷惑にならないように心がけるようになった」，「自分のほしいものなどが我慢できるようになった」，「他人の立場や気持ちをくみとるようになった」，「人との和を大切にするようになった」など），③運命・信仰・伝統の受容（「物事を運命だと受け入れるようになった」，「運や巡り合わせを考えるようになった」，「常識やしきたりを考えるようになった」など），④視野の広がり（「日本や世界の将来について関心が増した」，「環境問題（大気汚染・食品公害など）に関心が増した」，「児童福祉や教育問題に関心をもつようになった」など），⑤生き甲斐・存在感（「生きている張りが増した」，「長生きしなければと思うようになった」，「自分がなくてはならない存在だと思うようになった」など），⑥自己の強さ（「多少他の人と摩擦があっても自分の主義は通すようになった」，「自分の立場や考えはちゃんと主張しなければと思うようになった」など）の6つであった。ものの考え方や処し方に柔軟さが増し，自分をコントロールできて，他者との関係の持ち方がうまくなり，環境問題等，世界の将来や社会問題に対する関心が強まる，など，いわば「大人になる」変化と共通の変化・発達がみられる。これが親になったことによるのか否かは今後の研究の蓄積をまたねばならないが，少なくとも，「大人になる」ために，「親になる」ことがプラスの影響を与える，ということはできよう。

　もうひとつ，柏木らの研究では，このような発達・変化は父親よりも母親において強く見られることが明らかになっている（柏木・若松，1997，p.76）。育児により長時間，深く関わる経験を母親はしていることによって父親よりもこの発達・変化を経験することが示されている。

　さらに育児に対する感情の因子分析からは育児への肯定感因子とならんで育

児による制約感因子も抽出されている。そしてこれは母親の方に強いという結果であった（柏木・若松，1997，p.77）。これも育児に深く関わるのが母親であることを反映した結果と思われる。日常の子育ては楽しみと苦労がないまぜになったものである。自分の仕事との葛藤に悩みつつ，しかし一方で子どもの反応や成長に深い喜びを見いだすことによってもたらされる変化は小さくないはずである。

### 父親の発達的変化

　父親の発達・変化に関する研究も増えている。森下葉子・岩立京子は，自由記述による質問紙調査と面接調査によって，幼稚園5歳児クラスの父親の親になることによる発達的変化を明らかにした（森下・岩立，2008）。柏木らと同様の発達変化の内容も見出されている。すなわち，忍耐強くなった，寛大になった，突発的に異変が生じてもあまり動じなくなったなどの「自己の強さ」カテゴリーなどは人格的変化の面で，柏木らの知見と共通である。

　父親だけを調査したこの研究では，仕事との関係が注目される。仕事に関しては，子どもが生まれたことにより，「仕事に対して前向きに考えるようになった」，「会社の中でもリーダーシップをとるようになった」などの肯定的変化がある一方で，精神的ゆとりの減少，すなわち「自分の趣味・娯楽の時間が減った」，「経済的な余裕がなくなった」，「行動範囲が狭まった」などの"喪失"，"制約"といった感情をいだいていることがわかった。親という新しい役割の獲得によってそれまで自由を謳歌していた状態が変化するわけで，喪失感，制約感が生じるのは自然なことであろう。しかしこの経験によって他の面の充実や新しい視点を獲得することになり，そうした獲得と喪失の積み重ねによって，他者への視野の広がりと将来を見通す視野の長さを獲得することにつながる。種々の調査で明らかにされている「親になって成長したと感じる」という自己評価はこのような経験から生まれるものであろう。

### 小中学生の親

　これまでは育児に直接的に深く関わる幼児期の親についての調査研究をみて

きた。親役割も子どもが年長になっていくにつれて，苦労もさまざまに変化していく。ベネッセの「子育て生活基本調査　小・中学生版」で筆者は小学校1年生から中学3年生までの母親の子育てについて調べている。子どもとの会話や行動によるコミュニケーションの状態を学年別にみてみると，学年が上がるとともに，減少していく行動や会話内容は，「参観日や運動会など学校行事に参加する」，「子どもと一緒に出かける」，「子どもに一日のできごとを聞く」などである。小学生の時期にはまさに子育て生活満開の状態であるが，中学生になると行事への参加も一緒に出かけることも少なくなる様子が見えてくる（ベネッセ教育研究開発センター，2008，pp.35-37）。一方，学年上昇とともに増えていくのは，「子どもと成績や勉強について話をする」，「子どもと将来や進路について話をする」などである。いよいよ進路選択の時期を迎えて話の内容もがらっと変わるのである。住田と田中は，子どもが学校に入ったことによって親としてのアイデンティティの変容があり，「その変化は端的にいうと，育児から子どもの教育への移行である」と述べている（住田・田中，2009，p.157）。

　こまごまとしたしつけや一緒にでかけるというような行動が減少し，子どもの将来に向けての「教育」行為へと転換する。子どもと日常一緒に行動することは減っても，それは決して親としての役割が縮小するということではなく親役割の内容が質的に変わるということなのである。家族が増えて拡大期へと至る時期には，質的に変化した第1子へのしつけ行為・社会化行為に加えて，新しく加わった第2子へのしつけ，と複雑化する親役割を経験する。さらに，前述したように職業を再開する母親が増えてくる。一層役割は多重化していき，役割葛藤を経験することになる。こうして家族の拡大期になると，親役割がもたらすものは複雑化し，柔軟な対処を迫られることが増え，それは大人としての成長へとつながるが，他方では，種々の問題も生まれることになる。

　子育て家庭への経済支援，放課後の子どものケア，そして何よりも仕事と育児・家事労働との葛藤を考えると，働き方をゆとりあるものに変えていくことが必要になる。いわばワーク・ライフ・バランスの達成がなによりも重要な課題となろう。

　親役割を取得することが人間的な成長につながるような環境を整えること，

それが子育て支援の最大の課題なのである。

---

**考えてみよう**

① 親になることによって，ものの考え方や行動のしかたがどのように変化したかを，身近な人（両親など）にきいてみよう。

② 親体験は，父親と母親でどう異なるか，共通点は何かを，子どもの年齢をしぼって比較してみよう。（たとえば，幼稚園児・保育園児の親の場合，中学生の親の場合，など）

③ なぜ晩婚化・晩産化が進むのかを友人と議論してみよう。

---

【注】

1　日本は結婚していないカップルから生まれる子どもの割合が大変少ない社会である。そこで晩婚化は晩産化につながりやすい。ちなみに非嫡出子の，全出生数に対する割合は2005年に日本は2.0％であるが，ドイツ27.9％，アメリカ35.8％，イギリス42.3％，そしてスウェーデンでは55.4％と，生まれた子どもの過半数が非嫡出子である（湯沢・宮本，2008，p.127）。

2　アメリカの社会学者ハヴィガーストは，「発達課題は個人の生涯にめぐりくるいろいろの時期に生ずるもので，その課題をりっぱに成就すれば個人は幸福になり，その後の課題も成功するが，失敗すれば個人は不幸になり社会で認められず，その後の課題の達成も困難になってくる」と述べ，幼児期，児童期，青年期，壮年初期，中年期，老年期の発達課題をあげた。（新井編，1985，p.54）

3　これは幼稚園児・保育園児をもつ家庭を対象として子育ての実態やしつけ・教育に関する保護者の意識をとらえる調査で，1997年から5年おきに実施し，2008年9月～10月に第3回調査が行われた。園通しで配布回収し，回収率74.4％，回収数は6131となっている。ここでは経年比較のために分析した首都圏対象の調査結果3069人の回答を用いる。

4　しつけ得点は，最小値0，最大値18まで分布し，平均点は8.217であった。多く選んで得点が高い親はともあれしつけに熱心な親と考えた。しつけ得点高群は33.4％，中群31.5％，低群35.1％と分布している。

5　いずれもカイ二乗検定，1％水準で有意。

6　柏木らの調査は東京都内および埼玉県の幼稚園・保育園計7園に在籍する3～5歳児の父母346対を対象としている。

【引用参考文献】

新井郁男編著，1985，『幼児の教育学』樹村房．
柏木惠子・若松素子，1994，「『親となる』ことによる人格発達：生涯発達的視点から親を研究する試み」『発達心理学研究』第5巻第1号．
ギデンス，A.，1993，『社会学（改訂新版）』（松尾精文他訳）而立書房（原著，1993）．
厚生労働省，2009，「平成20年　人口動態統計（確定数）の概況」．
厚生労働省，2009，「第6回21世紀出生児縦断調査（国民の生活に関する継続調査）結果の概況」．
国立社会保障・人口問題研究所，2005，『第13回出生動向基本調査　結婚と出産に関する全国調査　独身者調査の結果概要』．
住田正樹・田中理絵，2009，『人間発達論』放送大学教育振興会．
内閣府，2009，『平成21年版　少子化社会白書』．
広田照幸，1999，『日本人のしつけは衰退したか―「教育する家族」のゆくえ』講談社現代新書．
ベネッセ教育研究開発センター，2008，『第3回子育て生活基本調査報告書　小中学生の保護者を対象に』．
ベネッセ教育研究開発センター，2009，『第3回子育て生活基本調査報告書（幼児版）』．
本田和子，2007，『子どもが忌避される時代―なぜ子どもは生まれにくくなったのか』新曜社．
牧野カツコ・中野由美子・柏木惠子，1996，『子どもの発達と父親の役割』ミネルヴァ書房．
森下葉子・岩立京子，2008，「子どもの誕生による父親の発達的変化」東京学芸大学紀要　総合教育科学系60．
湯沢雍彦・宮本みち子，2008，『新版データで読む家族問題』日本放送出版協会．
湯沢雍彦，1995，『図説家族問題の現在』日本放送出版協会．

# 第10章 今どきの親たち

高山　静子

## 1　はじめに

　筆者は保育所や子育て支援の現場で保育士や子育て支援者として20年以上乳幼児とその親とに関わってきた。社会学や心理学では1980年代から育児不安や育児ストレスをめぐって，夫婦関係の様相，母親の育児経験不足，父親の育児への関心や育児参加，母親の自己実現に対する欲求などとの関連が研究されてきた。しかし，育児支援の現場で親や乳幼児に接していると，親の育児不安や育児ストレスの背後には，こうした夫婦関係や父親の育児参加，母親の自己実現に対する欲求の問題もさりながら，食事や睡眠など子どもの基本的な生活習慣の問題，子どもを育てる環境としての地域環境の問題，育児情報の氾濫，さらには子育て家庭をターゲットにした企業の儲け主義など子育て環境にさまざまな問題があることを感じてきた。また，育児に悩む親の相談では，親の生活経験からさまざまな問題が生じていると感じることが多かった。
　そこで本章では，筆者がこれまで子育て支援の現場で体験してきたエピソードを紹介しつつ，「今どきの親」の生活の実態と，「今どきの親」と揶揄される行動を生み出す背景を描写したいと思う。なお，エピソードはプライバシーの関係上，若干の修正を行っていることをお断りしておきたい。

## 2　父親・母親の生活と子育て事情

### (1) 今どきの子育て事情

　まず今どきの子育て事情を紹介しよう。ある30代の母親（主婦）と１歳の子どもの家庭生活である。

　　パパは毎朝6時半に出かけていく。朝食は自分で食べていくので私と子どもは布団の中。昨日はちょっとネットをしすぎたのでいつもより遅く8時に起きる。子どもを起こさないようにテレビの音を小さめにして朝食を食べる。9時，子どもが起きてきたので録画しておいたDVDを見せ，その間に洗濯をする。お昼のテレビ番組を見終わると子どもを着替えさせて外へ出かける。
　　ショッピングセンターはよくでかける場所の一つだ。駐車場からベビーカーに子どもを乗せられるし，子どもを気にせずにゆっくりと商品を見ることができる。ママ友と一緒の日はショッピングセンターの中のマクドナルドや軽食のお店で食べる。ここだと子どもが走っても周囲から白い目で見られることもない。帰りの車でコックリしはじめた子どもを家に帰ってから布団に寝かせ，その間に夕食の準備をする。
　　夜8時。パパが帰ってくると一緒にご飯を食べてお風呂に入る。11時をすぎてくると子どもはパパのひざのなかでコックリコックリし始めるのでパパが布団に寝かせる。それからネットを見たりメールを書いているとつい1時2時をすぎてしまうこともあるが，この時間が唯一の私だけの静かな時間だ。

　同じ1歳の子どもがいる家庭であっても，実際の生活の仕方は多様である。このエピソードのように，上記のように晩御飯を自分で作り子どもに朝食を食べさせ，外へ出かける保護者は，熱心な保護者といえるだろう。毎日のように子どもにインスタント食品やコンビニなどで買ってきたお弁当を夕食に食べさせる家庭もあり，お菓子と牛乳しか食べさせない（子どもがそれしか食べない）家庭もある。総務省の「家計調査」（2008年）によれば，食の外部化率は1975年の28.4％から2005年には42.7％に上昇しており，そのなかでも図10-1に示すように調理食品の占める割合が高くなっている（藤沢，2009）。調理食品とは，弁当，おにぎり，調理パン，そうざい，冷凍コロッケ・ハンバーグなどの冷凍食品，レトルト食品などのことである。

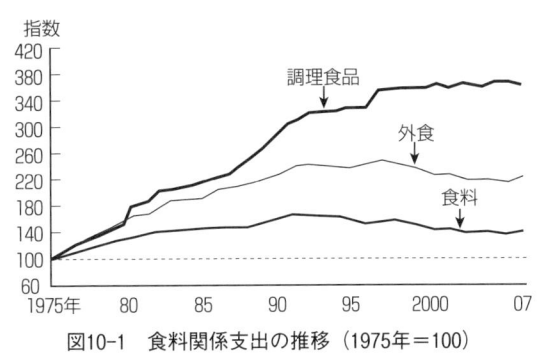

図10-1　食料関係支出の推移（1975年＝100）

出所）藤沢, 2009, p.7

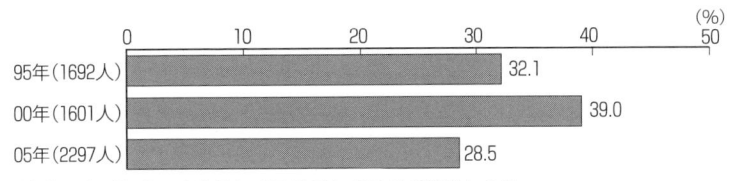

図10-2　「22時頃」以降に就寝する幼児

注）「22時頃」+「22時半頃」+「23時頃」+「23時半以降」の％。

95年（1692人）　32.1
00年（1601人）　39.0
05年（2297人）　28.5

出所）Benesse教育研究開発センター, 2005

　また，1，2歳の子どもが夜1時すぎに寝て昼の12時に起きるというような生活時間の不規則な家庭もあれば，1歳の子どもにテレビゲームやパソコンをさせている家庭もあり，赤ちゃんに1日数時間もテレビやDVDを見せている家庭もある。今では乳幼児期から両親と同じ生活リズムで毎日を過ごしている子どもも多い。図10-2は，夜10時以降に就寝する幼児の比率を5年おきに比較したものであるが，幼児の3～4割が夜10時以降に就寝している。また同調査によれば6か月～6歳就学前のテレビ・ビデオ・DVDの平均視聴時間は3時間49分である（Benesse教育研究開発センター，2005）。子どもたちの多くは，夜更かし，朝食抜き，日中は家の中でのテレビ視聴という不健康な生活習慣を乳幼児期から獲得している。

　子どもの生活時間が不規則で，健康的でない生活習慣をもつ家庭では，親自身も睡眠や食生活が乱れており，疲れている場合がある。子育て支援の現場で

は，親同士の会話のなかに「大変だ」，「面倒」といった言葉が飛び交う。

Cさんは30代の専業主婦である。大学を卒業後，企業に就職し「仕事はそれなりにやれた」という。しかし「ご飯を作るとか掃除などは大変だし，面倒でやっていられない」，「子どもの世話は大変，疲れる」といい，1日も早く仕事に戻りたいと保育所を探している。「子どもが泣くと面倒」なので子どもが寝たいときに寝かせ，食べたいものを食べさせる。1歳の子どもの食べ物は牛乳とお菓子が中心で寝る時間は夜11時以降である。

同じ30代の専業主婦であるDさんは，子どもが眠った夜11時すぎから家事をすませ，パソコンの前に座る。明け方まで起きて翌日は昼頃まで眠る。2歳の子どもは朝起きると菓子パンを食べ，1人でテレビを見て昼まで過ごす。子どもを近くの公園に連れていってやりたいとは思うけれども，まだ連れていってやったことはないという。

家事や育児を面倒がる親の元では，子どもは食事や睡眠などのしつけをしてもらえない。ごく普通に見えるような家庭であっても，三度の食事も与えられず，眠くても寝かせつけてもらえず，テレビやテレビゲームだけを相手にして，外遊びにも連れていってもらえない子どもたちがいる。こうした状況を育児支援の現場でみていると，ネグレクト（保護の怠慢ないし拒否）のボーダーライン層が普通の家庭に広がっているのではないかと思われる。

## (2) 父親・母親の生活能力と育児負担

15年ほど前から育児サークルや育児講座では，午前10時集合だと親が集まらないという声をよく聞くようになった。「朝10時に間に合わせようと思えば掃除も洗濯もほったらかしになる」とか「朝10時集合では子どもに朝ごはんを食べさせられないのでムリ」と親はいう。また，「子どもが起きている間は掃除ができない」，「子どもがいるからスーパーにも買い物に行けない」などと赤ちゃんや幼児が家にいると子どもにかかりきりになるから大変だと訴える。このような状況は，親自身がこれまでの成長過程においてさまざまな生活体験を積む機会が少ないために，日常の生活能力を十分に獲得していないことによって起きているのではないかと思われる。

最近では，女性であっても男性と同じように子ども時代から家事を経験することなく，そのまま大人になる場合が多くなっている。しかし女性の場合は，多くが結婚と同時にあるいは出産のための退職と同時に，家事を引き受けざるをえない。「平成12年 国民栄養調査」によれば，食事作り（食品の買い物，調理）を「ほとんどしない」と回答したのは，男性では20代，30代，40代ともにそれぞれ約8割である。女性は20代では44.5％が「ほとんどしない」といい，毎日1回以上食事作りをする女性は33％でしかない。これが30代になると毎日1回以上食事作りをする女性は75.8％と増加し，40代では85.4％とさらに増加する（厚生労働省，2000）。女性でも男性でも，独身時代に親に家事一切の面倒をみてもらっていた人の場合，いざ自分が家事をしなければならない羽目になると，家事の煩瑣で複雑な手順に音を上げることになるだろう。それに加えて赤ちゃんの世話ともなれば，それまでに生活体験を積んでいない父親や母親の場合，強い負担感を感じるだろう。

　岩村暢子は食卓の実態調査を通して，子どもが生まれると主婦といっても食事を「作れなくなる」と指摘する。「新婚の頃は本を見ながら作って，夕食の支度に2時間くらいかけていた。でも子どもが生まれてからは本を見ながら2時間もかけて作ってはいられなくなり，だんだん作るものも作り方も崩れてきた」という主婦や「子どもが生まれる前は夫に合わせて朝起きて作っていたが，生まれてからは作らなくてもいいことになった。だから朝は作らないこともある」という主婦の声を紹介している。だが，その反面，「本来の私の料理の仕方」として本を見ながら2時間かけて料理をしていた新婚時代の頃のやり方を自信に満ちて語る主婦が多いと述べている（岩村，2003）。

　小さな子どもの世話をするという育児行為は，面倒がらずにこまめに体を動かすことの連続である。子どもがいる日常生活では，家事も育児も同時並行で進めなければならないことが多い。子どもの様子を見ながら洗濯物を干し，食事の準備の途中でオムツを替えるという具合である。家事と育児を同時に行う場合，同時に幾通りもの仕事を要領よくこなし，段取りをつけて仕事ができないと，泣きだした子どもに対応できず，子どものオムツは汚れたままとなってしまう。

子育て支援の現場にいると，「一人ではオムツを換えられないから，どなたか子どもを押さえていてください」とか「子どもが歩き回って食事ができないので子どもを預かってください」という親に出会うが，こうした母親や父親が1人で子どもの世話をする負担感は相当に強いものに違いない。
　今は女性も男性も同じような子ども期を過ごす。家事や手伝いをせずに家ではテレビやテレビゲームに興じている子どもも多い。加えて塾や習い事の時間が増えれば，ますます家事や育児に必要な生活能力を獲得することは難しい。生活能力を獲得しないまま親になってしまった場合には，女性でも男性でも，子どもの面倒を見ることは相当な負担感を伴うものとなるだろう。

## (3) 子どもについての知識不足

　原田正文によると「自分の子どもが生まれるまでに，他の小さい子どもを抱いたり遊ばせた経験」がなかった母親は，1980年には15％だったが2003年には26.9％と増加しており，逆にそうした経験が「よくあった」とする母親は42.3％から32.3％へと減少している（原田，2006, p.142）。
　ある保育園の入園説明で，よちよち歩きの子どもを見た妊婦が「あの子はどのぐらいですか」と保育士に尋ね，保育士が「6月生まれですよ」と応えると，その女性は「最近の子は成長が早いと聞いていたけれど，赤ちゃんは1か月でこんなに歩くようになるのですね」ととても驚いていた。この女性は1歳1ヶ月の子どもを生後1ヶ月と勘違いしたのだった。嘘のような話であるが事実である。このように子どものことをほとんど知らない父親や母親のエピソードは，子育て支援の現場にいると，枚挙に暇がない。
　両親とも日本人であるがバイリンガルにしたいからと日本語も話せない赤ちゃんに英語でしか話しかけない父親や母親がいる。子どもの知的発達を促進したいからと朝から晩まで赤ちゃんに絵本を読んで聞かせる母親もいる。子どもの自主性を尊重しなければならないという教育学者の講演を聞いたために幼児が何をしてもただ見ているだけで「子どもの自主性を尊重しなければ。叱ってはいけない」と思っている母親も多い。子どもが歩き始めてウロウロする姿を見て，落ち着きのなさを直そうと机に座らせてビデオを見せていた母親もいた。

子どものことを知らないのは父親や母親だけではない。赤ちゃんが他人を見て泣くようになったので保健師に相談すると専門の相談センターを紹介され、そこでカウンセリングを受けるようにと勧められた母親がいた。人見知りは自然な発達であることを保健師は知らなかったのである。育児相談を受ける立場の保健師でさえ、子どもの発達のことを十分に知らないことがある。

### (4) 子育ての学習機会の欠如

　このように、今の父親と母親の多くはこれまでの成長過程で生活能力や生活スキルを習得する機会も少なかったうえに育児経験も少ない。では親になって育児経験や育児についての学習の機会があるのかというと、そうでもない。保健所による両親教室は定員が限られている。家庭教育学級はアクセサリー作りなどのお楽しみ会と化しているところもあるし、子育て支援活動も同様にイベント中心のお楽しみ会になっていることもある。育児について学習の機会を得ようにも、なかなかその機会がないのである。10代で出産し誰から見ても支援が必要な父親や母親に対しても、学習機会は全くといっていいほど準備されていない。このような学習機会が準備されない背景には、「家事や子育ては誰にでもできる簡単な仕事であり、女性であれば誰にでもできて当たり前」と考えている人が多いということがあるだろう。

　女性であれ男性であれ、子育てを体験し学習できない状況のなかでは、極端な育児行為に走りやすい。心身の不安定を生じさせるような生活の仕方に自ら陥ってしまって、結果として育児負担感や束縛感、育児不安を増大させているようなケースもある。たとえば、子どもが1、2歳になっても「自分の時間をもてない」と訴える母親の場合、子どもを寝かしつけることを知らずに、父親や母親と同じ時間に寝かせていることがある。夜8時に子どもを寝かしつければ、その後は親も自分だけの時間をもつことができるのである。

　子どもが機嫌よく遊ぶのであれば、日中父親や母親がつきっきりで子どもの遊び相手をする必要はない。しかし子どもが夜遅くまで起きていれば、睡眠不足になって機嫌が悪くなり、親にまとわりついて離れないだろう。子どもについての知識や経験が不足しているために、親は、わざわざ手間のかかる育児を

選択している場合がある。

　そして孤立した状況のなかで育児を行っている場合には，育児情報も吟味される機会がないために偏った内容が入りやすい。赤ちゃんは泣いたら抱っこをするべきだ，母乳はほしがるだけ与えるほうがよい，赤ちゃんには刺激を与えないと発達しないといった情報などである。こうした情報に晒されると，父親や母親は子どもを過剰なほどに構うようになり，また親が子どもの言いなりになって従属的な親子関係を形成する場合もある。かつて断乳が推奨されていた頃は，子どもが1歳を過ぎれば授乳の必要はないとして母親は夜にまとめて眠ることができていた。しかし今では，子どもが欲しがらなくなるまで母乳を与えましょうという自然卒乳が推奨され，母親は子どもが2歳を過ぎても夜に何度も授乳のために起き，昼間も子どもが泣くたびに母乳を吸わせるようになっている。育児支援の場では，前述のように子どもに要求されるままに絵本の読み聞かせを続けている母親の姿を見ることもある。だが，子どもの要求は次第にエスカレートしていくから，親が子どもとの間に従属的な関係を形成すると，親の負担感や束縛感，ストレスはますます増大していくことだろう。

　「今どきの親」と揶揄される育児行為は，親自身のこれまでの成長過程における生活体験の乏しさに加えて，子どもをもってから以降の子どもや子育てについての学習機会の乏しさの故と考えることができる。

　「今どきの親」は，自ら望んで生活能力を獲得しなかったわけではない。子どもの頃に勉強ばかりを強いて生活体験をさせなかった祖父母の世代や，自らもそれほど生活能力をもっていない専門家から「今どきの親は」と責められることは理不尽な話である。育児不安をめぐる言説には「育児不安は母親の心理問題である」「母親をサポートすれば育児不安や負担感は減る」といったメッセージが多く含まれる。母親はそれらのメッセージを正面から受け止め，「子育てが大変なのは自分の心が弱いからだ」と自らを責めることが多い。

## ③ 父親・母親と子どもを取り巻く生活環境

### (1) 失われた安心と安全

　マンションやアパートなど集合住宅で子育てをする父親・母親から「子どもの足音がうるさい」と階下の人の苦情に悩まされているという相談を受けることがある。コンクリートの街では，居住者にとって，子どもの声は騒音となり，子どもの遊びは迷惑行為となる。階下の人に「朝は静かにしてほしい」といわれて，朝6時に起きる子どもにビデオやDVDを見せたままじっとさせている父親や母親，子どもの友だちを自宅に呼ぶと苦情が出るので幼稚園の友だちを家に呼べないとこぼす母親，自宅の周りを子どもが三輪車で走っていたら「うるさいのでやめさせてほしい」と匿名電話がかかってきたという母親，近所からの苦情が気になって夜泣きする赤ちゃんの口にガーゼを押し込んだという母親など，身を縮めるように子育てをしている親も多い。

　戸外へ一歩出ても，子どもと一緒に歩くと不安と緊張の連続である。子どもの手を引いて歩く真横をスレスレに車が猛スピードで走り去っていく。歩道を歩いても自転車がベルを鳴らして追い抜いていく。「あぶない！」，「走っちゃダメ！」ととっさに子どもを追っかけていく。気疲れと心労。独身時代には気にも留めなかった道路の段差にベビーカーの車輪をとられて四苦八苦する。やっとの思いで行った公園には誰もいない。公園で親子二人きりで遊んでいると，子どもがいても寂しさでいっぱいになる。殺伐としたコンクリートのまちを歩き，車の排気ガスを吹きかけられていれば気持も荒む。子どもと一緒の父親や母親は社会的弱者そのものである。

　しかも近年は子どもをめぐる事件も多い。都心部であっても農村部であっても，子どもだけを外に遊びに行かせることには，交通事故や犯罪に巻き込まれる不安が伴う。今どきの親は，子どもを遊ばせるために安全な場所へ連れて行き，子どもの遊びをずっと見守っていなければならない。子どもだけを外へ遊びに行かせることができた頃には，親は四六時中子どもについて歩く必要はなかった。一昔前には幼稚園へ一人で歩いて行く子も多かった。しかし今では幼

稚園や小学校から帰ってきても，親が友達の家まで車で送り迎えをしなくてはならない家庭もある。子どもが自宅周辺で安全に遊ぶことができない地域になったことで親の育児負担は確実に増えている。しかし，育児の負担感の増加が，地域環境の変化によるものであることに気づいている人は少ない。

　今子育てをする親は，子育てが大変と感じる理由を自分の弱さのせいであると考え，子どもが一人で外に出ることができない地域環境を嘆くことはない。放っておいても子どもが外で遊ぶことができた時代に子育てをした世代の人たちは「今の親は過保護だ，心配しすぎだ」と若い親たちを責める。多くの人が，車で，子どもたちの遊び場である住宅街を通りぬける。住宅街を車で通りぬけることが，そこに住む子どもたちの遊び場を奪い，親の育児不安を増やしていることには無自覚な人が多い。

## (2) 映像メディア機器の浸透

　事件・事故の不安から子どもに「外で遊んでいらっしゃい」といえない父親や母親にとって必需品となっているのが，乳幼児向けDVDなどの映像メディア機器である。

　育児書やホームページに書かれた「常識の範囲内なら見せても大丈夫」とか「親と子で一緒に見ればよい」という専門家の言葉のままに教育学者お墨付きのDVDを繰り返し見せている親も多い。今どきの家庭ではテレビは「つけっぱなし」が常識である。父親や母親は何時間も子どもと向かい合って遊びつづけることはできないが，テレビやテレビゲームであれば4時間でも6時間でも，何時間であろうと次々と刺激を与えて子ども楽しませることができる。「テレビを消すと赤ちゃんが泣く」とか「DVDが終わるともう一度つけてほしいと親の手を引っ張っていく」など，いわば「テレビとの愛着関係」を形成した子どものエピソードもある。

　映像メディアの家庭内への浸透は，親が親として成長する機会も，子どもが人との関わりを学習する機会も奪ってしまう。テレビ画面が大きな音を立て，1人ひとりがゲーム機や携帯に向かっている家庭では，祖父母や兄弟姉妹がいても，そこに関わりは生まれにくい。家庭内にさまざまな映像メディア機器が

浸透することで，家族がかかわりをもつ時間は減り，「家族」というよりもむしろ「同居人」に近くなってしまう。

　テレビをはじめとする映像メディアの普及は家族の関係を希薄化しただけではない。NPO「子どもとメディア」常務理事の古野陽一氏は，映像メディアで育った世代が親になり，新しい虐待が生じていることを指摘し，次のような例をあげている（筆者への私信，2009）。

① 7ヶ月の乳児が父親のやっていたゲームのリセットボタンを押してしまった。逆上した父親は平手で乳児を張り飛ばした。

② 子煩悩で子どもの面倒を良く見る父親が，4ヶ月の赤ちゃんを抱っこしたまま6時間以上もゲームをしている。赤ちゃんは，ゲームの画面に見入っておとなしい。

　古野氏は今度どちらのケースも急増するだろうと指摘している。

　深夜までネットゲームをして日中疲れ果てている父親や母親もいるし，ブログの更新のために子育て広場で携帯を操作し続ける母親もいる。保育所では，子どもを迎えに来ても携帯の操作に夢中で，子どもの顔も見ることもなく，子どもを連れて帰る親が問題になっている。

　携帯の虜になっている母親，子どものことよりもテレビゲームに夢中になっている父親，そして親とのコミュニケーションよりもテレビやテレビゲームを好む子どもたち。映像メディア機器の家庭への普及によって，家族の関係は少しずつ変わり始めている。

## (3) ストレスフルな暮らし

　映像メディアをはじめとして，今日の親と子の日常生活は過剰ともいえる刺激に満ちている。朝から晩まで音声と映像を流し続けるテレビ，乳幼児向け番組の甲高い声，スーパーや大型ショッピングセンターに流れるけたたましいBGM。こうした環境の中に，今の子どもは乳幼児期から晒されている。音の聴覚刺激だけではない。視覚刺激も以前と比べると著しく変わってきている。今の子どもたちは乳児期から新奇なキャラクターを見せられ，自然界にはない

色彩刺激・光刺激・高速の画面変化に晒されている。親のテレビゲームやパソコンの画面を親と一緒に見ている子どもが受ける視覚刺激の量はもっと多いだろう。このような環境のなかで育った子どもたちが，どのような認知や思考を形成していくのかについての科学的研究は未だほとんど行われていない。

　下條信輔は，ストレスの影響に関する研究の動物実験で，ストレス条件として過剰な感覚刺激，たとえば遮蔽物も何もない環境で24時間過剰な照明に晒したり，コンスタントに過大な音量のノイズに晒したりすると，動物の生体リズムが大きく狂うことを紹介し，「現代人の生活環境は，動物実験で言えばストレス過重やバイオリズムを狂わせる実験操作に酷似してきている」と述べている（下条，2008）。現代の日本では，ごく普通の家庭であっても，その生活は人工的な音刺激と視覚刺激にあふれており，子どもは乳児期からさまざまな刺激に晒されている。だが，そうした刺激から親が子どもを護ろうとするならば，後述するように親は涙ぐましい努力を行わなければならない。

## 4　母親・父親たちの子育て支援活動

### (1) 子育てのもたらす転機

　仕事を辞めて子育てに専念するようになった父親や母親は，仕事とは異なる子育ての現実に直面してさまざまに悩むことがある。子育ては，仕事とは異なり，誰からも指示をされないけれども，誰も何も教えてくれない。赤ちゃんは泣いて何を訴えているのか，抱っこしたほうがいいのか，抱かないほうがよいのか，何をしようにも全てが自己決定である。そのため自分の子育ては間違っているのではないかという不安も強い。

　また，子育てのなかでは肩書きが通用しない。退職後の男性が地域での居場所を探すように，子育てに専念することになった母親や父親たちは，ゼロから新しい人間関係を作らなくてはならない。公園や広場では，自分のコミュニケーション能力だけを頼りに人間関係を作るのである。

　30代で子どもを産んだBさんは「私はコミュニケーションが苦手，だけど子どもは私の手を引っ張って他人のところに連れて行く」と，他人と関わるこ

との辛さを語る。ある日Bさんから「私もう死んでしまいたい」と泣きながら電話があった。友だちと喧嘩をしてしまったというのである。Bさんは生まれて初めて他人と喧嘩をした。「明日からどこへも行けない。もう生きていけない」と泣いているBさんに人は喧嘩をすることもあること，喧嘩をしても仲直りができることを話し，私も何度も喧嘩をして仲直りをした経験があることを話すと，とても驚いていた。Bさんは幼児期から親に勉強一筋で育てられ，友だちと遊ぶ経験が少なかったのである。学校では，苦手な相手には近寄らず，友人とは距離を保ちながらうまく付き合ってきた。

　しかし子育てになると，そうはいかない。子どもが他の子どものスコップを取りあげて遊んだり，他の子どもの頭を叩いたりすることもある。Bさんはわが子にはお菓子を食べさせないが，他の子どもの親はBさんの子どもにお菓子をくれることもある。また他の子どもの親がBさんの子どもに対してBさんが叱らないことで叱る場面に出くわすこともある。こうなるとBさんも子育てのなかでは否が応でも人と深く関わらざるを得なくなる。Bさんは人が苦手と嘆きながらも，「子どものために」と人と関わり続け，子どもが幼稚園に行く頃からボランティア活動に参加し，さらには外遊びの育児サークルを立ち上げるまでになった。

　Bさんの例は特別なことではない。筆者はこれまで長い間，子育て支援活動に携わってきたが，初めは子育てに不安を抱いたり，他の親たちとの交流に苦しんでいた父親や母親が，子育てという営みを通して次第に親としての自信をもち，多様な人と関わりをもつようになり，人間的に大きく成長していく過程を数多く見てきた。

　実は，筆者自身も子育てを機に生き方を転換した経験をもつ。初めての子育てでは，まっすぐに歩けば10分ほどで歩ける道を20分も30分もかけてゆっくりと探索しながら歩くわが子に苛立ちを感じ，何とか子育ても仕事と同じように合理的に済ませられないものかと考えていた。しかし毎日子どもと行く公園で緑と空を眺める生活のなかで，何かが変わりはじめていた。ある日，子どもがいつものように道端にしゃがみこんで草を眺めていたので，私も仕方なく子どもと並んでしゃがみこんだ。そこには黄色い小さな花がとてもきれいに咲いて

いた。その時なぜか涙がこぼれた。(私は今まで何をしようとしていたのだろう。何を手に入れようと焦っていたのだろう。ここにも幸せはあるじゃないか)。それまで自分の能力を高めることや経済的な豊かさなど，目に見える自分だけの自己実現に囚われていた私が，自然とつながり人とつながって生きることの豊かさに気づいた瞬間であった。私はここに在ることだけでよい，前に進むことばかりが幸せではないと子どもに教えられた気がしたものである。

　子どもとの暮らしは，親にそれまでとは全く異なる経験と新たな視点をもたらす。砂場で何時間でも楽しそうに遊ぶ子どもの姿を見ていると，消費や収集で楽しむことの愚かさに気づく。子どもが生まれたことをきっかけに社会に関心をもち社会的な活動に参加する親もいる。子育てによって新しい価値観を見につけ新たな生き方を選ぶ親も多い。

### (2) 親たちの子育て支援活動

　子育てを始めた父親や母親が，これから子どもとどのような生活をしていくかというのは，親がどのような人と出会い，どのような情報を得るかによって決まる。子どもとはいったいどのような存在なのか，子どもとの生活をどのように築いていけばよいのかということを子育て支援等で知ることができれば，親も大きく変わっていく可能性があるが，そうした機会を得ることができなければ，そのまま子どもを親の生活習慣に合わせてしまうことも少なくない。

　現代社会は高度消費社会であり，物やサービスや情報が溢れている。さまざまな商品を所有し，消費することや，レストランでの食事や旅行などが豊かな暮らしであるかのような広告や宣伝が氾濫し，人々の欲望をますます肥大化させていく。毎日のように自宅に送られてくるダイレクトメールを見て，繰り返し「このDVDを見せれば，あなたのお子さんはご挨拶ができるようになりますよ」などと宣伝されれば，ついつい購入して子どもに見せてしまう。知らず知らずのうちに商品で子どもをなだめ，挨拶のようなしつけも商品に代行させる親になってしまう仕組みがある。

　前述したようにイベント中心の子育て支援もまた，親にとっては消費する活動となる。ある母親の私信を許可を得て紹介する。母親は30代である。

1才児のママ友の話を聞いてるとビックリ　みんな忙しいのよ。何がって……支援センターめぐり＆習い事に。
　支援センターは，市内すべての支援センターイベント制覇！　2月だけで，10ヶ所の園をまわって25イベント出席（まるで会社の出勤日数みたい）
　それだけでもビックリだったのに，D市・M市・Y市のイベントにも参加してるんだって。市が主催の託児付き無料講座も必ず行くらしい！
　習い事は，ベビースイミング・音楽教室・英語。あと『毎月届くしまじろう』，『NHK教育の朝夕のテレビ』は必須アイテム，ある意味，元気なんだろうけど……これってどうなの？？
　逆に支援センターに行かない私は，1日何をしてるの？って不思議がられるんで～す。ホント何してるんでしょうね！（絵文字省略）

　彼女は「あれこれとしてあげてクレーマーに育てるような支援活動」に疑問をもち，今では自分たちで育児サークルを立ち上げている。
　また，屋内中心の子育て支援によって公園や外遊びから遠ざかる親が増えているという問題意識から，赤ちゃんの時期から外遊びをしようと呼びかけている屋外型のサークルも増加している。
　こうした母親や父親が立ち上げるサークルやボランティア活動は，公的な機関が行う支援への反発や問題意識から始まることが多い。しかし，そのような親が中心としてはじめる活動のきっかけも，また，公的な機関が行う子育て講座やボランティア養成講座である場合が少なくない。
　前述したように初めて子育てをする親は不安である。そこでどのような人と出会い，どのような内容の情報を受け取ったかによって親の行動は左右される。
　イベント中心の子育て支援センターへ行った親は，イベントを渡り歩く消費者となり，子育て講座で外遊びの必要性を聞いた親は，公園へ毎日通うようになる。
　子育て支援事業や親向けの講座は，本来，子どもの健やかな育ちを促し，地域や家庭における親子の日常生活を豊かにするような内容であることが望ましい。しかし，子育て支援や親向け講座が，保護者を楽しませる内容が中心になると，保護者は支援や講座を渡り歩き，かえって日常の暮らしが空洞化することになってしまう。

### (3) 子育て安心の地域社会

　筆者は，母親や父親とともに子育て支援活動を行うなかで親がいかに子どもを健やかに育てたいと願っているかを痛いほどに感じてきた。今日の地域の生活環境は子どもが育つ環境としても，親が子どもを育てる環境としても適切な環境とはいい難い。親がこの地域で子どもを健やかに育てようと思ったら涙ぐましい努力をしなければならない。そのうえ企業は子どもをターゲットにして子どもの興味・関心を引くような宣伝を繰り返す。お菓子にジュース，テレビゲームに携帯電話。かくしてそれを欲しがる子どもとそれを規制しようとする親との間で果てしない攻防が繰り返されることになる。時流に流されずに子育てをしようとする親にとって，友だちと同じようにしなければ仲間に加われないという子どもの要求に板挟みになって悩むことにもなる。

　「放っておいても子は育つ」といわれた時代には，家族が子どもの教育のすべてではなかった。親がわが子と遊んだり，遊びに連れて行く必要はなく，子どもは地域の中でさまざまな体験をすることができた。また地域で友達と遊び，さまざまな地域の人との交流を自然に得ることができた。しかし，今では子どもが安全に遊ぶことができる地域の環境がなくなってしまった。そのため子どもが経験を得るには親の努力が必要である。そうなると家庭による格差が生じやすくなる。生活にゆとりをもち子どもに関心をもつ家庭ではテレビの時間を制限し，休日にキャンプへ行き，豊かな経験が得られやすい。経済的な厳しさを抱え親が働くことで精一杯の家庭では子どもは休日もテレビやゲームで漫然と時間をつぶし，経験は乏しくなりがちである。

　父親が子育てに携わり，家族の子育ての機能を施設やサービスで代替し支援することは今後ますます求められることだろう。しかしそれらは質が伴わなければ，子どもの育ちには必ずしもつながらず，かえって問題を増加させることになりかねない。テレビゲームに興じる父親のひざに抱えられている子どもや，商品やサービスに楽しませてもらう子ども，劣悪な保育環境で一日を過ごす子どもが増えれば，人と関わることや体を動かして働くことが苦手な若者が増え，未来につけを残す可能性もある。

　今どきの親が抱える課題は，私たちの社会が抱える課題である。地域と家庭

の環境とわたしたちの暮らし方を,「子どもが育つ」,「子どもを育てる」という視点で見直し,改善の方策を提案する必要があると考えられる。

> **考えてみよう**
>
> ① 今日のしつけは,昔のしつけとどのようことが,どのように違っているのだろうか。祖父母の世代の頃と比較してみよう。
>
> ② 今日ではさまざまな育児情報メディアがあるが,それぞれどのような内容なのかを調べてみよう。また母親の育児行為にどのような影響を及ぼしているのだろうか。調べてみよう。

【引用参考文献】

岩村暢子,2003,『変わる家族 変わる食卓』勁草書房.
厚生労働省健康局総務課生活習慣病対策室,2001,『平成12年 国民栄養調査結果の概要』.
下條信輔,2008,『サブリミナル・インパクト』ちくま書房.
日本小児保健協会,2001,『平成12年度幼児健康度調査報告書』.
原田正文,2006,『子育ての変貌と次世代育成支援』名古屋大学出版会.
藤沢良知,2009,「これからの食生活の展望と課題」『こどもの栄養』640号,こども未来財団.
Benesse教育研究開発センター,2005,『第3回幼児の生活アンケート報告書』.

# 第11章 親たちの不安と戸惑い

田中 理絵

　急激な社会変動は人々の社会的役割の変容をもたらすが，それは親役割についても同様である。現代の親は，以前のようなパターン化された親役割モデルを真似るだけでは子どもの問題に対応できなくなってきた。それだけでなく，青少年の凶悪犯罪，いじめや不登校など子どもをめぐる教育問題がマスメディア等から聞こえてくるなかで，青年前期（中高生頃）の子どもをもつ親たちはさまざまな不安に晒されている。本章では，この親たちがどのような悩みや不安を抱え，また自分の子どもといかなる関係を築いているのかについてみていくこととする。

## 1　親役割の変容

　現代のような急激な社会変容は，私たちの生活基盤全体に関わる包括的な問題をもたらすが，そのひとつに「役割取得」（role-taking）に関する変化があげられる。発達社会学でいう人間の発達とは社会的役割を獲得していく過程であり，それまでもっていた役割を放棄して次の役割を獲得していく連続性をもつ過程をさす。ガースとミルズ（Gerth, H. & Mills, C.W.）は，役割とは「他者から典型的に期待される行為様式である」と定義したが（ガース＆ミルズ，1970, p.98），新しい役割を取得するとき，自分の言動がそれに相応しいものであるかどうかを確かめるために他者の反応を窺うことはよくみられるものである。他者の承認を受けられたり，スムーズな相互作用が続くときは「うまくいってる」ことを意味する。しかし拒否されたり，眉をひそめられるような場合，そ

れは間違った行動を取っていることを意味し，そして「正しい」行動へ修正することを暗黙に要請されることになる。

　たとえば，子どもは家族集団や仲間集団のなかで「子どもらしさ」という役割を獲得して，他者の期待に応じた振る舞いや思考を実行して見せる。だから，子どもらしくない振る舞いは大人から見れば奇異なことであり，子ども同士のなかでも収まりの悪いものとして忌避される。次の小説の例では，主人公の子どもが他の児童を笑うのを見た教師が，主人公を「困った児童」としてレッテル貼りをし，そしてそのこと自体を主人公が気づく様子が描かれている。

　　ある日のこと　ひとり廊下に立って幾年となく腕白どもの手にすられててらてらになった手すりに肱をかけ，藤棚のしたにとびまわる彼らのしわざを眺めて笑ってたとき後ろを通りかかったひとりの先生が不意に呼びかけて，「何を笑ってる」と言った。私は「子供たちの遊ぶのがおかしい」と答えた。先生はふきだして「□□さんは子供じゃないか」というのをまじめで「子供は子供でもあんなばかじゃない」といったら「困るねえ」といって職員室へいってほかの人たちに話していた。私はたぶん先生たちに困られていたのである。（中勘助, 1935, p.146）

　反対に，大人がいつまでも子どもっぽい振る舞いをすることは無責任・自己中心的といった誹りを受けやすく，社会的には許されない。このように，人間は年齢段階や社会的地位に応じた振る舞いを実行してみせることを期待されるが，こうした社会的役割を適切に取得して，それまでもっていた役割を徐々に捨て去っていくことが発達なのである。その意味で，発達は生涯をかけて行われる課題であるといえる[*1]。

　ところで，社会的役割は，変動の少ない比較的安定した社会ではパターン化されており，時間の流れも緩やかだから役割取得のための時間的余裕もあるので，新参者は年長者の様子を観察しながら自分が取るべき役割について学ぶことができた。しかし社会が急激に変化するにつれて，社会的役割についてもその内実が変容していき，同時に，社会的役割そのものに関する選択肢も広がってきた。この様子をバウマン（Bauman, Z.）は「個人化社会」というキーワードでとらえ，「「個人化」の本質は，人間の「アイデンティティ」が「所与」のものから「課題」へと変わるところにある―それはまた，行為者に，その課題

を遂行することの責任やその遂行の帰結についての責任を負わせるということでもある」(バウマン，2008，p.197)と端的に指摘している。社会的役割がパターン化されていた社会では，私たちは自分が何者になるかということは所与のことであったから，それに成ることを学べば良かった。たとえば，女性は母親になり，母親という役割は「こういうもの」という役割規範があるからそれを遂行すればよいというわけである。しかし，アイデンティティは所与のものから個々人の責任で追究すべき課題へ変わり，社会的役割の内実も多様化してきた。どのような母親になるかは（あるいは母親になるかどうかの選択肢も含めて）ますます個々人が選択する問題になってきたし，自分の振る舞いが母親という—どこかに確固として存在する役割ではなくて，少しずつ変化する—社会的役割に相応しいかどうかは，その都度，参照しなければならなくなってきたのである。

　ところで，これまで社会的役割の問題については，ある役割からある役割への移行期—役割取得初期—のアイデンティティの変容に注目が集められてきた。そして，主たる社会的役割とは職業的役割と親役割であるから，たとえば青年期の職業的世界への参入の問題や，親役割の形成過程などについて多くの調査研究がなされてきたのである。それは，新しい社会的役割の獲得と古い役割の放棄という役割移行の困難さが，ニートやフリーターの増加の問題，あるいは育児不安などの問題背景にあると考えられており，その解明が社会問題の解決に寄与されるという期待があるためであろう。だから，親子関係の問題についていえば，子どもの年齢が上がるにつれて親は親役割のベテランになっていくのだから問題は減少することになり，たとえば思春期の子どもとの親子間の葛藤といった問題は，親の側の問題というよりは，むしろ子どもの発達課題であると考えられる傾向にあった。乳幼児をもつ親の不安や育児態度に関する研究の蓄積が膨大にあるのに比べると，思春期の子どもをもつ親の問題についてはあまりみられないのもこうした理由によると考えられる。

　しかし前述したように，社会的役割がパターン化されていた社会とは異なり，社会の変化が急激な現代にあっては，親役割に関する課題もこれまでとは異なっているのではないだろうか。そこで本章では，青年前期（中高生頃）の子ど

もをもつ親を中心に、親の戸惑いや不安と、どのような親子関係を築いているのかについてみていくこととしたい。

## 2　家族の変化と子ども社会の変化

ところで、家族集団は全体社会の下位集団なので、社会の変化は家族内外の諸環境にも影響を及ぼすことになる。親子関係について考えていくために、まずは家族を取り巻く状況の変化について明らかにしておこう。

### (1) 家族の変化
**家族の小規模化と少子化**

現代家族の特徴として、まず第一に、小規模化と少子化があげられる。産業化・都市化の進行に伴って若年労働者層を中心に農村から都市部への人口移動が進み、都市部を中心に、若い夫婦とその子どもからなる核家族（夫婦家族）が増大した（第1章参照）。また、就学・就職・転勤による地域間移動が盛んになることによって単身世帯が増大し、家族の規模は大幅に縮小してきた。その結果、1920年から55年ぐらいまではほぼ5人前後で変化はみられなかった一世帯当たりの平均人員数は、その後は縮小の一途を辿り、2008年では2.63人にまで減少している。

それと並行して、第二次世界大戦後の民主化によって女性の生き方も徐々に解放され、子どもの教育費の増大、高学歴化による晩婚化、家族計画の普及、女性の社会参加意識の拡大などを背景に出生率は低下してきた。現在、家族のなかの子どもの平均きょうだい数は2人程度であるので[*2]、そうなると一人ひとりの子どもを「よく育てよう」とする期待が高まり、子どもに向ける親の関心も強まる。子どもが多ければ、そのなかから優秀な子どもや親の期待に添う子どもが誕生する可能性も高いし、そもそも親の関心も分散されてしまうのだが、少ない子ども数の場合はよく育って貰わなければ困るのだから、育て方が慎重になり、子どもへの関心・監視の目も強まることになる。たとえば、小・中学生の子どもをもつ親を対象とした調査では、「子どもの自発性をできるだ

表11-1　家庭の教育方針　　　　　　　　　　　　　　　　　　　　(%)

| | 1998年 | 2007年 |
|---|---|---|
| 親子で意見が違うとき親の意見を優先させている | 46.7 | 56.6 |
| 教育に必要なお金はかけるようにしている | 70.8 | 76.3 |
| 子どもの教育・進学面では世間一般の流れに乗り遅れないようにしている | 46.9 | 55.8 |
| 子どもの将来を考えると，習い事や塾に通わせないと不安である | 42.7 | 51.7 |
| 子どもがすることを親が決めたり，手伝ったりすることがある | 41.5 | 52.4 |

出所）Benesse 教育研究開発センター，2007

け尊重すれば子どもは健全に成長する」という項目に賛成する親は，1995（平成7）年で81.9％だったのが2007（平成19）年には65.9％にまで低下し[*3]，「親子で意見が違うとき親の意見を優先させる」については，1998（平成10）年46.7％→2007（平成19）年55.5％へと増加しているなど（表11-1），子どもが下す決定だけに任せておくことのできない親の関心が垣間みえる。

### 親役割の変化：性別役割分業意識の変容

　また，家族構造の変化だけでなく，家族内における性別役割意識においても近年大きな変化がみられる。「夫は外で働き，妻は家庭で家事と育児」という家族内の性別役割分業に対する反対意見は男女とも増加し続けており，特に若い世代に顕著である[*4]。そして，そうした若い世代が親になると，性別役割意識を子どもに押しつけないしつけを行うことになる。内閣府の調査では，「男の子は男の子らしく，女の子は女の子らしく育てるべきである」という質問に対して「そう思う」と答えた親は，1995（平成7）年で35.8％だったのが2007（平成19）年には16.7％に，「父親は子どもに厳しく，母親は子どもに優しくすることが理想である」という父母間の役割分担に関する賛成意見もそれぞれ21.8％から8.1％にまで低下している（内閣府，1995・2007）。

　こうした結果は，これまで理想とされてきた父親役割・母親役割だけでは子どもに示すモデルとして通用しなくなっている現状と，そしてそのことを保護者自身が認識していることを表しているといえるだろう。

### 地域社会の教育力の低下

さらに，家族内部の構造・意識の変化だけでなく，家族を取り巻く地域社会の教育力の低下もまた，近年指摘されているところである。都市化が進行し，人々の移動が盛んになった結果，地域社会（community）は変容してきた。特に，都市部に新しくできた家族は地域社会のネットワークから孤立しがちであり，近所づきあいも浅い傾向にある。「地域の教育力に関する実態調査」（文部科学省，2005年）によると，子育てに関する情報の入手先や相談相手について，近所の人たちを「よく利用している」と答えた保護者は10.1％にとどまっており，近所の人たちとの交流状況についても「非常に盛んだ」と答えた人は6.4％しかいない。

子どもは地域社会のなかで育つものであるが，しかし実際に子どものことで困ったことや心配事が生じた時には「配偶者やパートナー」（81.8％），「自分の親やきょうだい」（45.6％），「配偶者の親やきょうだい」（20.6％）を頼りにする割合が他のチャンネルを利用する割合と比較しても高いことから（図11-1），現状では，子どもの問題は家族内で解決しようとする傾向がみられ，地域社会

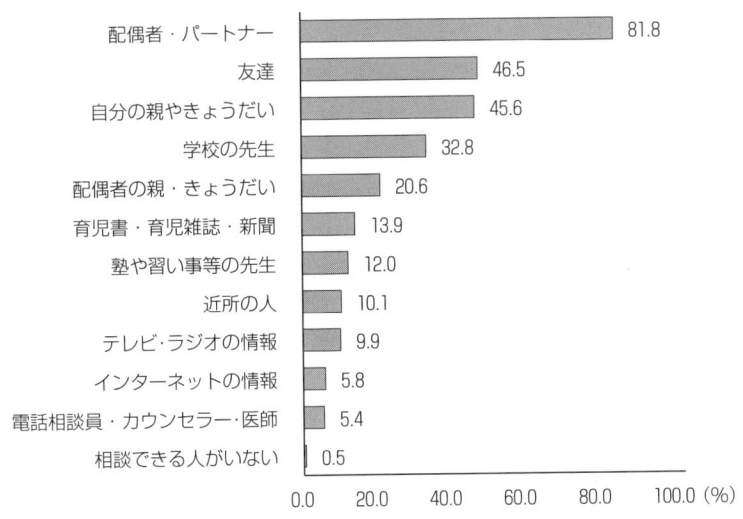

| 項目 | ％ |
|---|---|
| 配偶者・パートナー | 81.8 |
| 友達 | 46.5 |
| 自分の親やきょうだい | 45.6 |
| 学校の先生 | 32.8 |
| 配偶者の親・きょうだい | 20.6 |
| 育児書・育児雑誌・新聞 | 13.9 |
| 塾や習い事等の先生 | 12.0 |
| 近所の人 | 10.1 |
| テレビ・ラジオの情報 | 9.9 |
| インターネットの情報 | 5.8 |
| 電話相談員・カウンセラー・医師 | 5.4 |
| 相談できる人がいない | 0.5 |

図11-1　子育てで困ったこと・心配事が生じたときに参考にするもの
出所）内閣府，2007　より作成

はあまり頼りにされていないことがわかる。実際，親自身の子ども時代と比較して，現在の「地域の教育力は以前に比べて低下している」(55.6％)，「以前に比べて向上している」(5.2％)，「以前と変わらない」(15.1％) という調査結果（文部科学省，2005）からも，多くの親が地域の教育力の低下を認識していることがわかる。

こうした事態の背景には，「個人主義が浸透してきているので他人の関与を歓迎しない」(56.1％)，「地域社会が安全でなくなり，子どもを他人と交流させることに対する抵抗が増している」(33.7％)，「近所の人が親交を深められる機会が減少している」(33.2％) といった要因が考えられており（文部科学省，2005），家族が地域社会から孤立しがちであることだけでなく，そもそも地域社会のネットワーク自体が弱体化していると考えられていることがうかがえる。

## (2) 子ども世界の変化

このように，現代の親は，自分自身の子ども時代と比べて，今の子どもたちを取り巻く家族環境および地域社会の環境は大きく変化しているととらえているのだが，その一方で，子どもたちがつくる「子ども世界」自体も，親世代が体験しなかった変化を見せている。

まず最初に，遊びの変化による子どもの仲間集団の変容があげられる。少子化によって子どもの人数が減少し，都市化によって地域に子どもたちが安心して体を動かすことのできる遊び場が減少してきた。それと同時に，ひとりでも遊ぶことが可能な電子ゲームやテレビゲームが広く普及し，低学年のときから子どもたちは片時もゲーム機を離さないという状況が生じてきた。こうした遊びの変化は，それまでのように子どもたちが家の外に出て遊び友達を探さなくても，自宅や友人宅で少ない人数で遊びに興じることができるようになったことを意味する。つまり，親世代が大人数の異年齢集団で，家の外で活動的な遊びを行いながら仲間集団を形成していったのに対して，いまの子どもたちは比較的小さな同年齢集団で非活動的遊びを行うので，その結果，仲間集団が担うとされてきた社会化機能の遂行も難しくなってきたのである[*5]。

また，青少年の凶悪犯罪やいじめ，不登校など，マスメディアから得られる

教育問題の深刻さに関する情報は親の心配を煽り，子ども社会に対する不安をかきたてる。あるいは，少子化社会になってきたとはいえ相変わらず学歴社会であるという風潮や，学習指導要領の改訂に伴う教育内容の変化，受験制度の改革や多様化は，親たち自身が経験してきた青年期の子どもが抱える問題や，受験競争や進路選択に関する情報だけでは今の子どもたちに対応できない事態をもたらしたといえる。

## 3 青年前期の子どもの悩みと親子関係

　それでは，家族を取り巻く環境および子ども世界が変化してきたなかで，青年前期の子どもをもつ親たちは，子どもたちとどのように関わるようになったのだろうか。この点について，子どもの抱える悩みという点からみていくことにしよう。

### (1) 中高生の悩みと親の対応

　図11-2は中学生の抱える心配事を，図11-3は高校生のそれをそれぞれ示している。中学生の悩みでは「勉強・進学のこと」が最も高いことに変化はないが，1995年で46.7％だったのが2007年には61.2％になっている。同じように，第2位の「友達のこと」は，1995年8.1％→2007年20.0％と増加しており，「悩みはない」は1995年43.7％→2007年29.0％と減少している。同様に，高校生の心配事も「勉強・進学のこと」が男女とも最も多く（男子53.8％，女子56.5％），続いて「就職や仕事のこと」（男子31.4％，女子24.3％），「自分の性格や生き方のこと」（男子20.1％，女子22.2％）といった項目の数値が高いことから，高校生の心配事の特徴として，社会に出る前に将来のことを見据えて悩むという点があげられる。したがって，青年前期の子どもたちの主な心配事は，主として進学・就職・生き方といった将来に繋がる課題という点に集約できるだろう。だから，こうした事態に対応するために，多くの子どもたちがより早期から塾通いを始める傾向が生じてきた。

　通塾経験者に学習塾に通い始めた時期を尋ねた調査では，「就学前から」

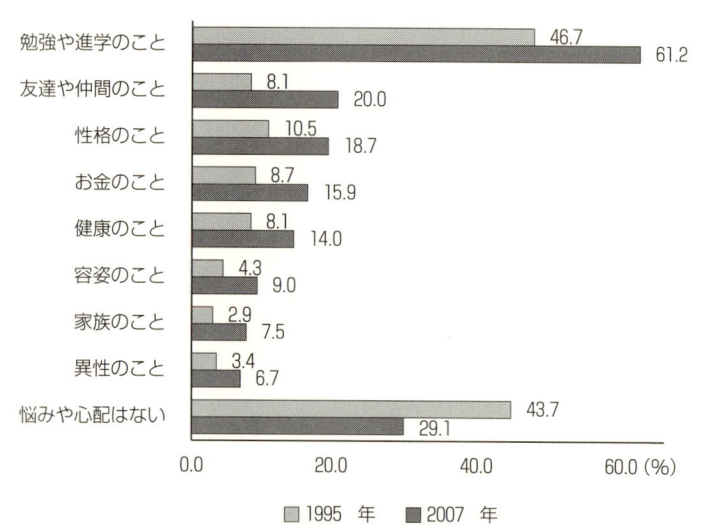

| 心配事 | 1995年 | 2007年 |
|---|---|---|
| 勉強や進学のこと | 46.7 | 61.2 |
| 友達や仲間のこと | 8.1 | 20.0 |
| 性格のこと | 10.5 | 18.7 |
| お金のこと | 8.7 | 15.9 |
| 健康のこと | 8.1 | 14.0 |
| 容姿のこと | 4.3 | 9.0 |
| 家族のこと | 2.9 | 7.5 |
| 異性のこと | 3.4 | 6.7 |
| 悩みや心配はない | 43.7 | 29.1 |

図11-2　中学生の抱える心配事（複数回答）

資料）内閣府，1995・2007

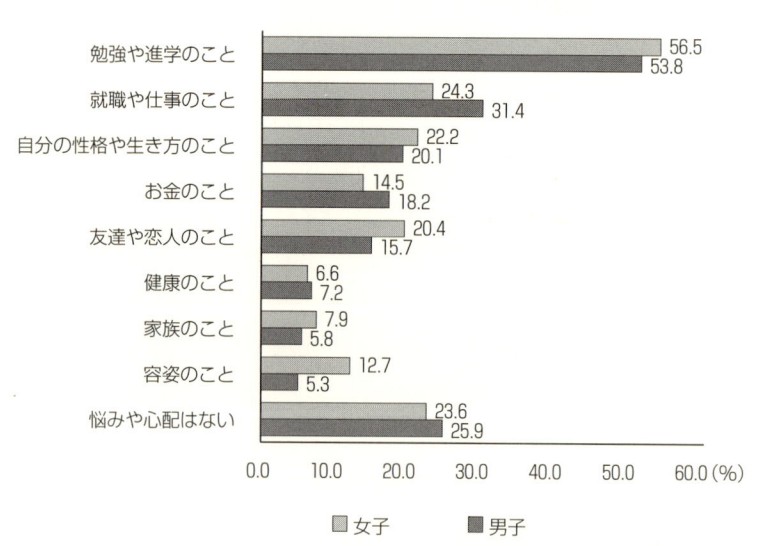

| 心配事 | 女子 | 男子 |
|---|---|---|
| 勉強や進学のこと | 56.5 | 53.8 |
| 就職や仕事のこと | 24.3 | 31.4 |
| 自分の性格や生き方のこと | 22.2 | 20.1 |
| お金のこと | 14.5 | 18.2 |
| 友達や恋人のこと | 20.4 | 15.7 |
| 健康のこと | 6.6 | 7.2 |
| 家族のこと | 7.9 | 5.8 |
| 容姿のこと | 12.7 | 5.3 |
| 悩みや心配はない | 23.6 | 25.9 |

図11-3　高校生（男女）の抱える心配事（複数回答，15-17歳対象）

資料）内閣府，2005

17.7％，「小学校1，2年」21.6％，「小学校3，4年」18.6％，「小学校5，6年」20.9％，「中学校1年」11.3％，「中学校2年」4.1％，「中学校3年」2.9％であり，「小学校1，2年から」が最も多いという結果であった。そうした事態と関連して，小・中学生の親の約6割が「子どもの学習塾通いは過熱化している」と答えており，「過熱化していない」と答えた中学生の親が7.4％，「どちらともいえない」が21.7％，「分からない」が7.6％だったことと比較しても，多くの親に過熱化傾向が認識されていることがわかる（文部科学省，2008）。その原因は，「学歴重視の社会風潮」（58.7％），「学校だけの学習に対する不安」（69.4％）だと考えられており，学校での学習だけでは「学歴社会」に対応できないのではないかと不安に感じていることが，親が子どもたちを学習塾へ送り出す一因となっていることがうかがえる（表11-1参照）。

　特に，子どもの進学期待の高い親ほど子どもに「何らかの学習活動」（習い事，学習塾，家庭教師，通信教育など）をさせている割合が高く，子どもを「大学・大学院まで進ませたい」という保護者の子どもたちの88.2％が何らかの学習活動を学校外において行っているのに対して，「中学・高校まで進学」することを期待する親の子どもは56.0％と30ポイント以上の差がみられる。また，「大学・大学院まで進ませたい」という保護者は，1985（昭和60）年の30.9％から2007（平成19）年では43.2％まで上昇しており，それに伴って学校外学習経費の家計負担も大きくなってきた。文部科学省（2008）の調べでは，中学生の学習活動経費は1985年11.0千円から2007年では23.6千円まで増加しており，こうした費用の負担について，3割程度の親が「学習塾の経費が家計を圧迫する」と答え，4割以上の親が「経済的な負担を強いている」（43.8％）と感じているが，それでも教育にかける費用はできるだけ支出したいと考えるようである（表11-1参照）。

## (2) 子どもの発達と親の意識

　子どもの数が少なくなり，親の関心が子ども一人ひとりに向けられるようになったこと，また学歴偏重社会にあって，子どもの学歴獲得の責任の一端は親にあると考える風潮は，子どもの生活全般に対して親の関心が向けられること

に繋がる。表11-2は,「子どもに関わることの親の認知度」(中学生対象)を表したものである。子どもの「よく遊びに行く場所」(74％),「友達の名前」(76％),「こづかいの使い道」(82％),「学校の成績」(95％)と,子どもの生活全般にわたって子どものことをよく知っていると親は考えている。ところが,こうした項目に比べて,子どもの「困っていることや悩んでいること」について理解できていると自信をもつ親は44％と数値が下がる。この理由のひとつには,中学生以降になると日本の子どもたちの相談相手は,母親から同性の友達に変わってしまうことがあげられよう。子どもに対する質問紙調査の結果でも,いわゆる第二反抗期に入ることで父母に対する反発意識は増加しており,逆に,両親からわかって貰っているという意識は減少する(表11-3)。

しかし,子どもが大人に対して秘密やプライバシーをもつことは,子どもが自己表出をすることと同様に重要な発達の側面であり,子どもが「自己の自律

表11-2 子どもに関わることの親の認知度 (％)

|  | 知っている | 知らない |
| --- | --- | --- |
| 学校の成績 | 94.8 | 4.4 |
| よく見ているテレビの番組 | 86.3 | 12.7 |
| こづかいの使い道 | 81.5 | 17.6 |
| 担任の先生の名前 | 78.0 | 21.2 |
| 付き合っている友達の名前 | 75.8 | 23.1 |
| よく遊びに行く場所 | 73.9 | 25.0 |
| お子さんが困っていることや悩んでいること | 44.2 | 54.9 |

資料)内閣府,2007 中学生の父母の結果のみ掲載。

表11-3 小・中学生の親に対する意識 (％)

|  |  | 小学生 | 中学生 |
| --- | --- | --- | --- |
| 父親は自分の気持ちを分かってくれる | 男子 | 74.7 | 63.0 |
|  | 女子 | 70.1 | 60.3 |
| 母親は自分の気持ちを分かってくれる | 男子 | 83.6 | 71.2 |
|  | 女子 | 88.2 | 85.3 |
| 父親へ反発を感じる | 男子 | 25.3 | 30.1 |
|  | 女子 | 32.8 | 45.6 |
| 母親へ反発を感じる | 男子 | 28.9 | 35.0 |
|  | 女子 | 32.6 | 39.4 |

資料)内閣府,2007

性を獲得するために，一定程度の不可視性（たとえばプライヴァシー）を要求するのは当然であって，システムはそれを承認しなければならない」（亀山，2001, p.210）。だから親も，子どもの世界を隅々まで監視する必要はないのであり，中高生になって親子間の会話量が減るのはむしろ自然であるといえる。

### (3) 中高生にとって親はどのような存在か―親子の意識比較―

それでは，中高生にとって親はどのような存在としてみられているのだろうか。表11-4に親子関係の様子について，父母と中高生それぞれに尋ねた結果を示した（父母は自己評価，中高生は子ども側から見た父母に対する評価）。父親に関しては「優しくて温かい」が父親の自己評価では68％，中高生による評価で69％で多くみられた。父親の自己評価で目立つのは，1982年と比較して2002年では「子どものことをよく分かっている」の割合が，55％から32％に落ち込んでいる点である。中高生の評価で変化が見られるのは「（父親は）子どもに対して厳しい」が1982年では37％だったのが2002年では20％となっている。現代の父親は，子どもから見て厳しく怖い存在ではなく，むしろ温かく優しいものとして認知されている。

母親に対する子どもの評価は，「優しくて温かい」（79％），「子どものことを

表11-4 中高生に対する親の態度
(％)

|  | 父親 | | 中高生 | |
|---|---|---|---|---|
|  | 1982年 | 2002年 | 1982年 | 2002年 |
| 子どもに対して優しく温かい | 63 | 68 | 72 | 69 |
| 子どものことをよくわかっている | 55 | 32 | 68 | 62 |
| 子どもに色々なことを話す | 59 | 51 | 52 | 54 |
| 勉強や成績についてうるさく言う | 19 | 17 | 18 | 21 |
| 子どもに対して厳しい | 32 | 25 | 37 | 20 |
|  | 母親 | | 中高生 | |
|  | 1982年 | 2002年 | 1982年 | 2002年 |
| 子どもに対して優しく温かい | 62 | 65 | 82 | 79 |
| 子どものことをよくわかっている | 70 | 51 | 77 | 78 |
| 子どもに色々なことを話す | 83 | 79 | 77 | 78 |
| 勉強や成績についてうるさく言う | 33 | 29 | 48 | 43 |
| 子どもに対して厳しい | 34 | 29 | 48 | 34 |

注）中高生およびその保護者を対象。
出所）NHK放送文化研究所編，2003, p.84

よく分かっている」（78％），「子どもに色々なことを話す」（78％）という項目で高い数値がみられる。母親は優しくて温かく，父親よりも自分のことをよくわかっているし，またいろいろなことについて話しているとみられているようである。しかし父親の評価と同様に，母親自身の評価では「子どものことをよく分かっている」の数値が1982年の70％から2002年には51％へと下がっており，子どものことをわかっているかどうか自信がなくなっている様子がみられる。

　親は子どもを理解できているか自信がないと感じているが，子どもの側は，親は自分のことを理解していると答えており，その水準は1982年と2002年ではあまり変わらない。では，こうした親の自信の低下の背景には何が考えられるだろうか。続いて，この点について考えてみよう。

## 4　親役割の変化と親自身の発達課題

### (1) 子どもの教育に対する親役割の責任偏重と長期化

　家族規模が縮小して，子どもの社会化の責任は小さな家族に委ねられてきた。そもそも伝統的社会では，地域社会や親族ネットワークが直接的に子どもに関わり，あるいは年齢階梯的な仲間集団によって組織的な社会化がなされていたので，そのなかでは家族も数ある社会化機関のひとつとして位置づけられていた。しかし近年，地域社会の紐帯が弱まり，仲間集団は小規模化した同年齢集団となったことで，家族での教育の重要性がますます強まってきたのである。特に，子どもの進学率が上昇して教育期間が延びた結果，今日の親の役割は長期にわたる子どもの教育を特徴とするようになった。子どもの問題について家族のなかで解決を図ろうとする傾向があることはすでに見てきたとおりである。

　ところが，親自身が子ども時代に経験してきた知識や体験だけでは，現代の子どもたちが必要とする情報を与えることは不可能である。子ども世界は，親世代が経験したものとは変わってきたし，受験や進学といった青年前期の子どもたちの最大の関心事は家族外部の助けを少なからず必要とする。だから，家族外部のサポート体制をうまく利用する情報網が親には必要であるし，場合によってはその対価を支払う余裕も必要となる。簡潔にいうと，子どもの教育・

自立に対する親役割の責任の比重は，親自身の体験や知識だけでは対応できない状態にあるにもかかわらず（**表11-1参照**），家族の協力体制が近隣社会では確立され難いなかでますます増大しているということである。

しかも，子どもの教育期間の延長は，青年期の子どもに対する親役割期間の延長をもたらした。子どもの就学や就職がうまくいき，それが軌道に乗るまで自分の教育が正しいかどうか判断がつかない点も，親の自信低下に繋がっているのではないだろうか。

## (2) 親自身のアイデンティティの変容課題

それと同時に，親自身もアイデンティティの変容に迫られるという課題に直面している点にも注目すべきである。

現在，子どもの養育期間はおおよそ25年間といわれ[*6]，子どもの誕生時に20歳〜30歳代だった親も，子どもが青年前期を迎える頃は40歳〜50歳代になっている。人生の半ばを長期にわたって子どもの教育に費やすわけだが，その間，親自身もまた，生物学的・社会的・心理的変化を経験することになる。

身体的には体力の低下を感じ始め，これまでの身体イメージでは通用しなくなり，それに伴って自己概念自体も変容せざるを得ない。また職業的には，地位が上がるにつれてそれに相応しい責任と能力を発揮しなければならないのだが，職業キャリア上の社会的アイデンティティの変化とともに，家庭では子どもの成長に対応して親役割についても変化させていかなければならない。このように，青年期とは異なるが，青年前期の子どもたちをもつ親自身もまたアイデンティティの再定義に迫られる時期を迎えるのであり，しかも青年期とは異なり，モラトリアムといった猶予期間は認められない。夫婦役割・親役割・仕事上の責任など複数の社会的役割をまとめて引き受けながら，自己を見直していかなければならないのである。

これまで，人間の発達課題については，子ども期の発達の目覚ましさゆえ子どものアイデンティティや社会的役割の獲得過程を中心に論じられてきた。そのなかでは，そもそも大人は完態であって，それに近づくことが発達の課題であると考えられてきたのである。しかし当然ながら，われわれの価値観や行動

は大人になってからも変化するし,成人後もライフステージに応じた発達課題をこなす必要がある。その意味で,青年前期の子どもをもつ親は,親役割のベテランであると同時に,しかし未だささまざまな課題に直面して試行錯誤している段階でもあるといえる。

最初に見たとおり,役割とは「他者から典型的に期待される行為様式」であるが,変化の急激な社会では,親役割モデルも自分の親の世代のものとは異なるので,自分の活動を親役割に相応しいかどうかを参照しながら試行錯誤に迫られることになる。そうした視点をもちながら,青年期の子どもをもつ親の不安や,子どもとの関係に関する研究蓄積が今後ますます必要となるし,重要な問題となるであろう。

**考えてみよう**

① 発達社会学でいう人間の発達と社会的役割との関係についてまとめてみよう。

② 現在,親役割のなかでもどのような側面が変化しているのだろうか。前世代の親役割と現在の親役割について,小説や各種統計資料などをもとに比べてみよう。

【注】

1 詳しくは,住田・田中(2009)第1章を参照。

2 平均出生児数は1940年で4.27人,52年で3.50人で減少傾向にあり2005年では2.09人である(『第13回出生動向基本調査』国立社会保障・人口問題研究所より)。

3 ここでは「そう思う」と「どちらかといえばそう思う」を合計したパーセンテージを示した(「低年齢少年の生活と意識に関する調査」内閣府,2007年)。

4 詳細は「男女共同参画に関する世論調査」(内閣府,2007年)を参照。

5 本シリーズ第4巻『子どもと地域社会』第4章「ギャングエイジの喪失」を参照。

6 住田・田中(2009)第11章(田中担当)参照。

【引用参考文献】

NHK 放送文化研究所編，2003，『NHK 中学生高校生の生活と意識調査―楽しい今と不確かな未来』日本放送出版協会．
ガース，HH.・ミルズ，C.W.，1970，『性格と社会構造』（古城利明訳）青木書店（原著，1953）．
亀山佳明，2001，『子どもと悪の人間学：子どもの再発見のために』以文社．
住田正樹・田中理絵，2009，『人間発達論』放送大学出版会．
住田正樹，1995，『子どもの仲間集団の研究』九州大学出版会．
内閣府，2005，「青少年の社会的自立に関する意識調査」
内閣府，1995，「低年齢少年の生活と意識に関する調査」（1995年）
内閣府，2007，「低年齢少年の生活と意識に関する調査」（2007年）
中勘助，1935，『銀の匙』岩波文庫．
バウマン，Z.，2008，『個人化社会』（澤井敦・菅野博史・鈴木智之訳）青弓社（原著，2001）．
Benesse 教育研究開発センター，2007，「第3回子育て生活基本調査」
文部科学省，2005，「地域の教育力に関する実態調査」．
文部科学省，2008，「子どもの学校外での学習活動に関する実態調査報告」．

# 索　引

## あ　行

愛着　89
愛着期　4,6
アイデンティティ　162,173
荒牧美佐子　27
アーロンズ,C.　117
育児観　38,40,42,45-46
育児感情　27,28
育児経験　41,43-45,149
育児講座　146
育児困難感　27
育児サークル　146,157
育児参加　36,38,42,45-46
　　→　父親の育児参加
育児情報　14,31,150
育児ストレス　24-25,28-29,143
育児ノイローゼ　24
育児不安　14,24-25,27-31,80,87,143,149-150
育児負担(感)　149,152
池田由子　82
一子豪華主義　12,17
稲村博　60-62
岩立京子　139
岩村陽子　147
ウォラースタイン,J.S.　117
映像メディア　152-153
エディプス位相　4,6-7,15,52-53
M字型曲線　9
小田切紀子　116-117
親業ストレス　24,28-29
親役割　38,40-43,45,129,133-134,136,140,
　　160,162,164,173-174

## か　行

外面化型問題行動　29
核家族　4,15
　　――化　9,11,84
学歴社会　169
学歴偏重社会　169
柏木恵子　30,137
ガース,H.　160
家族関係　86
家族機能　10,24
家族集団　7-8,10,49-51,163
家族制度　131
家族の基礎機能　10
家族の休息機能　10
家族の固有機能　10
家族の小規模化　11,163
　　→　小家族化
家族の多様性　77
家族の派生機能　10
家庭内暴力　13,59-60
家庭内暴力児　61
家庭役割　133
空の巣期　129
苅谷剛彦　116
川谷大治　62
完結出生時数　129
基礎機能　→　家族の基礎機能
基礎的社会化　10-11,16
ギデンズ,A.　131
機能集団　10
虐待の世代間伝達　88
休息機能　→　家族の休息機能
教育(する)家族　131-132
きょうだい　13
共同親権　114
共同的活動　63
近代家族　131-132
空疎化　→　父親の空疎化
計画出産　13
結婚　131
ケンプ,C.H.　82
口唇依存期　4-5
口唇危機　4-5
肛門位相　4,6

子育て　　149,154-156,158
子育て環境　　143
子育て支援　　32,143,156-157
子ども虐待対応の手引き　　86
子どもの権利条約　　84
固有機能　　10

## さ　行

再生産家族　　134
坂井聖二　　90
佐藤達哉　　26
産業化　　9,10,53,163
自己評価　　171
自己表出　　171
私生活化　　11,16-17
自尊感情　　28,117
しつけ　　66-78,136-137
しつけ手　　75,78
しつけ方針　　75
児童虐待　　80,82-86,92
児童虐待の防止等に関する法律　　83,85
児童中心主義　　75
下条信輔　　154
社会化　　4,5,13,17,59,68,120,172
社会化客体　　12,14,52
社会化される客体　　→　社会化客体
社会化主体　　12,14,52
社会化する主体　　→　社会化主体
社会的役割　　161-162,173
社会の喪失　　77
手段的役割　　7,49-51
手段的リーダー　　7,51
小家族化　　9
少子化　　12-13,84,129,132,163,166
少子化社会　　12,167
少年非行　　73
職業　　50-51
職業的役割　　162
シングル・ファーザー　　102,104,106-107
シングル・マザー　　102-107
親権者　　38,118
身体的虐待　　83,88,94
新中間層　　69

心的外傷　　82,93
心的外傷後ストレス障害　　85-86
心理学主義　　76
心理的虐待　　83,94
心理的父親欠損　　60
住田正樹　　25,136,140
生活習慣　　145
生活能力　　148-150
成熟期　　4,8
生殖家族　　134
精神的自立　　53
精神的不在　　→　父親の精神的不在
性的虐待　　83,94
青年期　　4,8
青年前期　　160,162,173-174
性別役割分業　　69,164
性別分業意識　　16
性役割　　7,49,52
　　──観　　36-38
潜在期　　4,8
ソーシャライザー　　12,52
ソーシャライジー　　12,52

## た　行

第一反抗期　　53
第二反抗期　　53,170
多賀太　　104
田中理絵　　136,140
男性役割　　53
単身世帯　　163
単身赴任　　54
地域環境　　152
地域共同体　　68-69
地域社会　　84,165-166,172
　　──のネットワーク　　165-166
父親なき社会　　15,48
父親の育児参加　　16,30,36,38-39,42-43,45-46
父親の空疎化　　54
父親の権威　　51,62
父親の精神的不在　　15,17,53,57,59,61-62
父親の母親化　　54-56
父親（の）不在　　15-16,48-49,53,57-58,61,97

父親の物理的不在　15, 53, 57-58, 61
父親(の)役割　38, 49, 52-53, 63, 102-103, 107, 164
長寿化　129
都市化　9, 163
トラウマ　82, 93

## な　行

内面化型問題行動　29
仲間集団　166, 172
西澤哲　83
ネグレクト　83, 94, 146

## は　行

ハヴィガースト, R.J.　133
バウマン, Z.　161
派生機能　→　家族の派生機能
パーソナリティの安定化　17
　　成人の――　10-11, 16
パーソンズ, T.　3-4, 11, 49, 51-52
発達課題　174
母親化　→　父親の母親化
母親支配優位型　62
母親の就業　16
母親の就労形態　30
母親不在　16
母親役割　14, 17, 103-104, 164
原田正文　148
反抗期　63
　　→　第一反抗期
　　→　第二反抗期
晩婚化　127, 130, 132-133, 163
晩産化　129-130, 132-133
反社会的行動　93
非行の原因　74
PTSD症状　85-86
ひとり親家族　96
ひとりっ子化　13
表出的役割　7, 49, 63
表出的リーダー　7, 51
広田照幸　73
夫婦家族　9
父子家庭　96, 98, 100, 102, 104, 107-108

父子世帯　113, 119
物理的不在　→　父親の物理的不在
プライヴァタイゼーション
　　→　私生活化
文化的階層　116
ベールズ, R.F.　49
ベルスキー, J.　28
ベンソン, L.　52
母子一体感　16
母子家庭　96-99, 102, 104, 107-108, 113, 118
母子世帯　115-116, 119-120
母子分離　89
本田和子　131-132

## ま　行

マタニティブルーズ　88
見合い結婚　114
見えない父親　57
　　→　父親の不在
水野里恵　29
ミッチャーリヒ, A.　48
耳塚寛明　116
ミルズ, C.W.　160
モラトリアム　173
森下葉子　139
問題行動　29

## や　行

役割　161, 174
役割移行　162
役割葛藤　140
役割期待　7
役割規範　162
役割行動　14
役割取得　14, 160-161
役割分化　7, 49, 52
役割分担　164
湯沢雍彦　129
予期的社会化　14

## ら　行

ライフコース　129
離婚　101, 111, 113-115, 118-120

離婚家庭　116
離婚要因　113
離婚率　111-112
リン，D.B.　58
恋愛結婚　114

**わ　行**

若松素子　137
ワーク・ライフ・バランス　130,140

シリーズ監修

住田正樹・武内 清・永井聖二

**第1巻編者**

住田　正樹（すみだ　まさき）

1944年　兵庫県に生まれる
慶應義塾大学文学部卒業（社会学専攻）
東京大学大学院教育学研究科博士課程中退（教育社会学専攻）
香川大学助手，講師，助教授，九州大学助教授を経て
1991年　九州大学教育学部教授
2000年　九州大学大学院人間環境学研究院教授
現　在　放送大学教授・九州大学名誉教授・教育学博士
専　攻：教育社会学・発達社会学
【主要著書】
『子どもの仲間集団の研究』九州大学出版会
『地域社会と教育』九州大学出版会
『子どもたちの「居場所」と対人的世界の現在』（共編著）九州大学出版会
『教育社会学』（共編訳）九州大学出版会
『リトルリーグの社会学』（監訳）九州大学出版会　　他

［子ども社会シリーズ１］
**子どもと家族**

2010年8月10日　第1版第1刷発行

編　者　住田　正樹

発行者　田中　千津子　〒153-0064　東京都目黒区下目黒3-6-1
　　　　　　　　　　　電話　03（3715）1501 ㈹
発行所　株式会社 学文社　FAX 03（3715）2012
　　　　　　　　　　　http://www.gakubunsha.com

©SUMIDA, Masaki 2010　　　　　　　　印刷　新灯印刷㈱
乱丁・落丁の場合は本社でお取替えします。
定価は売上カード，カバーに表示。

ISBN 978-4-7620-2017-9